Ich danke allen Menschen von Herzen, die mich unterstützen, mich begleiten, mit mir zusammenarbeiten und somit meinen Weg der vielseitig begeisterten Arbeit überhaupt erst ermöglichen.

für Laila

Clara Welten

Die Digitalisierung der Kinderstube

Miteinander leben oder nebeneinander existieren?

édition Welten

Inhaltsverzeichnis

Anhang

Vorwort

Bist Du online? Bist Du connected? Ich bin out! So klingen die Sätze, von uns selber oder von unseren Kindern gesprochen. Vor ungefähr dreißig Jahren, zu Zeiten der Explosion der Herstellung digitaler Geräte, waren Handys so groß wie ein kleines Paket und lediglich für Erwachsene des gehobenen Mittelstandes oder einer bestimmten Berufsschwarte erschwinglich. Heutzutage besitzt nicht nur quasi jeder ein Smartphone, sondern die Kinder übernehmen die *alten Teile* der Eltern, nicht selten spätestens ab dem 6. Lebensalter. Vorher haben sie aber alle bereits digitale Erfahrungen gesammelt, beim Seriengucken auf *YouTube*, bei den Computerspielen oder Lernspielen auf dem *Laptop* der Eltern. Hierbei oft ab dem 2. oder 3. Lebensjahr. Das ist die allgegenwärtige Situation, die sich durch die „digitale Intelligenz" in wenigen Jahren rasant fortentwickelt hat. Aber wie wollen wir leben? Neben- oder miteinander?

Dieses Buch ist das Ergebnis ausgiebiger Gespräche mit Eltern, die sich im Angesicht des pausenlosen Smartphone-Gebrauchs ihrer Kinder hilflos und ohnmächtig fühlen und oft verzweifelt sind. Denn die Gefahr des Missbrauchs betrifft alle sozialen Schichten und alle Eltern, ziemlich genau in dem Moment, in dem das Kind Zugang zu digitalen Medien besitzt. Als ich neulich im Zug fuhr, saß mir eine junge, „alternativ gekleidete" coole Mutter gegenüber, die mit ihrem iPad beschäftigt war. Die Augen ihres zwei Jahre alten Sohnes fixierten sich auf das Gerät, sobald es auf dem Tisch stand. (Eine Tatsache, die wir oft beobachten können: Dass die Augen der Kinder sich quasi sofort auf einen Bildschirm heften, sobald er in der Umgebung auftaucht und sogar, wenn er hinter ihnen benutzt wird!) Es dauerte nicht lange, da zog die Mutter ein *Tablet* aus ihrer

Tasche, stellte die Serie des „kleinen Maulwurfs" ein, schob es ihrem Sohn zu, der problemlos die Tastatur bediente und sich des kleinen Maulwurfs erfreute. „Was ist dagegen einzuwenden?", habe auch ich mich vor meiner Recherche gefragt. Anlass war lediglich dieses Gefühl in der Magengrube, dass es zu früh ist, dass dieser kleine Kerl noch nicht einmal sprechen, aber das Tablet bereits bedienen kann, so selbstverständlich als spiele er mit einem Teddy. Den allerdings habe ich in vier Stunden nicht gesehen ... Vielleicht ist es diese Tatsache, die mir schwer auf dem Herzen liegt, die Ausschließlichkeit. In diesem Buch werden wir tiefenpsychologisch und neurodidaktisch mitgehen, weshalb dieses Gerät unmittelbar zum Ort der Sehnsucht wird, sobald Kinder es bedienen.

Das Buch ist ebenfalls das Ergebnis vieler Fragen von ErzieherInnen, mit denen ich als Dozentin in Genf und Berlin arbeite: Sie sehen die Gefahren des Missbrauchs, haben aber nur selten eine Handhabe, die sie darin unterstützt, was eine Leitlinie für den Gebrauch der Kinder und ab welchem Alter sein kann. Erwachsene, Eltern und Erzieher möchten wissen, was psychisch und physisch für die Heranwachsenden tatsächlich ratsam ist. Dieser Aufklärung über die seelische und körperliche Gesundheit der frühen Digitalisierung widme ich mich: Wir sollen Grenzen setzen, aber wo und wann? Wir möchten kooperativ sein, aber was ist das Beste? Wir möchten die Kinder unterstützen und begleiten und sind für ihr ganzheitliches Gutgehen verantwortlich. Aber wie? Ich denke: Wenn wir (tiefenpsychologisch und neurodidaktisch) verstehen, was den Reiz produziert, können wir die notwendigen Regeln klarer, weil mit Herz und Verstand, mit Überzeugung einsetzen.

Was macht es mit uns und unseren Kindern, wenn wir als Familie zusammensitzen, des Abends, mit Kopfhörern, jeder für sich schalldicht abgeschlossen, auf die Abfolge von Bildern starrend, im Sessel, auf dem Sofa, zusammen und doch allein? Die Stunden vergehen wie Minuten und das Abschalten der Geräte ist fast immer ein Kampf. In solchen Situationen gibt es keinen Austausch. Die Haltung ist Vereinsamung. Der Körper kraftlos. Antwortlosigkeit im Gegenüber, der Monolog wird großgeschrieben. Denn lebendige Kommunikation besteht aus zwei Menschen, aus verschiedenen Meinungen, Fragen und Antworten, auf das Einlassen – beidseitig, Zuhören und Sprechen, sich ärgern, Lösungen finden, sich reiben am Anderen, sich vertragen, den Anderen als Person wahrnehmen, Frustration spüren und aktiv heraustreten ...

Leben ist die Fähigkeit, aus Erlebnissen, die wir seelisch, mental und körperlich erfahren, weil spüren, zu lernen. In diesem Fall kann das Gegenüber kein Bildschirm sein, sondern es ist ein Spiegel, wie Lacan es vortrefflich analysierte: Das Kind schaut in das Gesicht eines Anderen und sieht – sich. Wie schaut der Andere uns an? Was sprechen seine Augen? Ist der Andere präsent? Ist er lebendig da? Diese Funktion kann keine Maschine übernehmen. Empathie gibt es nur zwischen Mensch und Mensch. Neben dem täglichen Gebrauch digitaler Geräte wird dasjenige, an das sich unsere Kinder später positiv erinnern werden, nicht die Serie auf *YouTube* sein, sondern diese gelebte Spiegelung, das gemeinsame Spielen, Tun und Sprechen: die Empathie. In Zeiten der allseits zu beobachtenden „Vermaschinierung" des Gegenübers und des Alltags dürfen wir den Wert bewusst setzen auf: Mensch-Sein. Es geht um nichts weniger als um das Überleben aller Lebewesen. Denn den Planeten Erde werden wir nicht durch „Knopfdruck des ein und aus" retten, so wie wir *Facebook-Freunde* gewinnen oder löschen.

1. Vom Ich zum Anderen[1] oder über die Sehnsucht nach Einheit

Eine Familie sitzt im Restaurant. Kerzen auf dem Tisch, Gemütlichkeit, drei Generationen beisammen, um den Geburtstag des Siebenjährigen zu feiern. Die Großeltern sind extra aus Frankreich angereist. Die Erwachsenen unterhalten sich engagiert, lachen viel und tauschen sich über die Neuigkeiten aus, denn sie haben sich seit einigen Monaten nicht gesehen.

Max aber schaut nach unten, unter den Tisch, auf sein Smartphone. Er hat es zum Geburtstag bekommen; ein *iPhone 5.* Es ist der alte Apparat seines Vaters. Er kennt sich aus damit, weiß, was er zu tun, welche Knöpfe er zu bedienen hat. Manchmal schaut er nach oben, zu den anderen, zu seiner Familie. Er lächelt, verweilt für einige Sekunden unter ihnen – und taucht wieder ab. Bis das Abendessen kommt, also eine gute halbe Stunde vergangen ist, ändert sich nichts daran. Die Erwachsenen sehen, dass Max mit dem Gerät spielt, wie meistens. Kein Kommentar. Sie selber benutzen ihr Smartphone, *iPhone* 7 und 8, ja auch regelmäßig, ungefähr 6-mal in dieser Zeit, zum Fotoschießen, zum Nachrichtenchecken, zum Präsentieren der letzten Urlaubsbilder.

Ja, es ist unbenommen wahr: Mit dem Smartphone kann man alles machen! Musik hören, seine Lieblingsalben oder auch das Radio; Fotos schießen, sie sammeln, ordnen, bearbeiten und präsentieren; sich kostenlos mit seinen Freunden aus der nahen und fernen Welt austauschen, Spielen, Nachrichten schreiben und empfangen, E-Mails

---

[1] Das/ der Andere: Ich benutze durchgängig die substantivierte Schreibweise, in der Tradition des Philosophen Michel Foucaults, um die Differenz des Anderen als jeweils Anderen, der nicht als Projektionsfläche dient, zu verdeutlichen.

formulieren, im Internet recherchieren, Filme sehen, Videos machen, geweckt werden. Und ich vergaß: Telefonieren! Ist dies kein guter Grund, es rund um die Uhr zu benutzen? Man könnte meinen ja. Es ist eines der großen Themen dieser Zeit: Digital können wir fast alles machen und immer mehr. Doch ist das sinn-voll? Was ist der Maßstab für Sinnhaftigkeit in einer digitalen Welt?

Es gibt Zeiten des Miteinander und des Alleinseins. Max, der nun recht widerwillig in seine Pizza beißt, denkt an sein virtuelles Fußballspiel, das er unbedingt gewinnen will! Das ist wichtig, denn darüber tauscht er sich mit seinen Freunden auf dem Schulhof aus. Und das Mitspielen entscheidet auch über die Frage: *in oder out*! Und wer möchte nicht dazugehören, Teil der Gruppe sein?

Wenn Max in sich hineinfühlen könnte, würde er dreierlei feststellen: Erstens, dass er sich nicht (mehr) für diese andere Außenwelt interessiert, nicht für die Kerzen auf dem Tisch, nicht für die Atmosphäre, nicht für die Gespräche, nicht für die Oma, die er lange nicht gesehen hat. Zweitens, dass es ihm egal ist, was er isst. Ob es ihm schmeckt oder nicht, dafür hat er momentan kein Gefühl und drittens, dass es ihn einzig und allein zum Spiel, zum Gerät, zum Smartphone zieht: Der Ort seiner Sehnsucht ist momentan eine Maschine.

Warum beteiligt sich Max nicht an den Gesprächen, an den Witzen, an dem Miteinander der Familie? Weil er erst sieben Jahre alt ist? Weil er es nur noch selten praktiziert und daher nicht wirklich kann. Max ist dabei, den Anschluss an das lebendig Andere zu verlieren.

Das Andere ist die Welt. Sie ist immer außerhalb von uns, per definitionem. Dieser Themenbereich, nämlich der Weg vom Eigenen zum Anderen, wird in der Tiefenpsychologie als Narzissmus, als primärer und sekundärer, bezeichnet.[2] Narzissmus ist pränatal und postnatal bedeutsam, also sowohl für unsere Zeit im Mutterleib als auch für die des Auf-die-Welt-Kommens. Ich möchte mit Ihnen einen Ausflug machen, zurück zum Beginn unserer Existenz, in der wir für mehr als neun Monate intrautinär geborgen und Eins waren - verbunden mit dem Menschen, mit der Mutter und dem Universum, das uns umgab. (Dieser Exkurs in die Welt des tiefenpsychologischen Denkens ist wichtig, um mitfühlen zu können, wohin es Max in seiner Sehnsucht zieht: nämlich weg von der „unkontrollierbaren" Kommunikation mit Anderen, hin zum Gefühl der Einheit.)

Spätestens seit den Narzissmus-Forschungen der 70er und 80er Jahre wissen wir, wie wichtig der pränatale Zustand für die ganzheitliche Gesundheit des Menschen ist. Die Existenz im Mutterleib ist durch sanfte Bewegungen des Wassers gekennzeichnet, durch eine Welt der „Blase" im rötlichen Licht, durch Symbiose mit dem allerersten Menschen, der Mutter, mit der wir uns Eins fühlten, obwohl wir doch Zwei waren. Es ist der pränatale Zustand, in dem weder ein Objekt im Außen, nämlich die Mutter existierte, noch eine Abhängigkeit gefühlt werden konnte, weil auch die Nahrung uns automatisch (durch die Nabelschnur) zugeführt wurde. Es ist die Zeit des Menschwerdens, in der wir genährt werden und wachsen, ohne fordern oder wünschen zu müssen. Hier hat die Zeit der Gegenwart, des *Jetzt* ihre Bedeutung: Es ist. (Weder besteht ein Bewusstsein für die Vergangenheit *es war* noch für die Zukunft *es wird.*)

Chasseguet-Smirgel, eine der bedeutendsten Psychoanalytikerin des 20. Jahrhunderts, formuliert: „Die

---

[2] „Vom Narzissmus zum Objekt", Suhrkamp Taschenbuch Verlag, Frankfurt/M., 1982

Zeit, in der das Kind selbst sein eigenes Ideal war, enthielt weder Unbefriedigtheit noch Begehren, noch Verlust, und sie besteht in uns als das Engramm des perfekten und permanenten Glücks."[3] Wir sprechen in diesem Zusammenhang von der Zeit des Ich-Ideals, das wir selber waren. Der Andere wurde noch nicht als ein Fremdes wahrgenommen. Die Mutter, in der wir Zuhause waren, war Teil unserer Welt.

Diese Geborgenheit des pränatalen Zustandes, die bis zu der Zeit währt, wenn es „eng wird" und der Platz im Inneren, im Bauch der Mutter nicht mehr reicht, um „sich vollkommen zu fühlen", mag eine ganz wesentliche Sehnsucht von uns Menschen bestimmen: Woher wir kommen, ist eine Erinnerungsspur, die wir vielleicht in der Liebe wiederzufinden suchen, in der sexuellen zum Partner, aber auch in der zu Menschen schlechthin, dann, wenn wir mit den besten Freunden das Gefühl haben, nach einem gelungenen Abend: „WIR sind EINS!" Wir fühlen uns verstanden. Wir haben Differenz aufgehoben durch Gleich-Klang.

Ich denke, dass jeder Mensch diese bestimmte Vorstellung als Sehnsucht nach Harmonie in sich trägt. Und meiner Erfahrung und Praxis nach ist diese Spur der Erinnerung noch viel weiter gelegt, nämlich in die Zeiten der nichtphysischen Existenz hinein oder zurück, von dort, woher wir kommen, als unsere Seele noch nicht verkörpert, inkarniert war.[4] Auch Chasseguet-Smirgel weist in ihren Werken daraufhin, dass das Entstehen von Religionen, von metaphysischen Philosophien, von Idealen schlechthin uns

---

[3] „Exkarnation. Der große Wandel", Roswitha Sonnenschmidt, Verlag Homöopathie + Symbol, Berlin, 2012

von dieser Sehnsucht nach Einheit, nach einem Universum erzählt, in dem wir fühlten: „Wir alle sind Eins in diesem Kosmos!" Für mich findet sich diese Sehnsucht auch in der Musik, wenn Rhythmus uns hinwegträgt in Bewegung, körperlich wird und wir die Welt um uns herum vergessen – die Bewegung des Wassers war rhythmisch ... [5]

Die Bedingungen der pränatalen Zeit als ein undifferenzierter Urzustand, den das narzisstische Ich wiederherzustellen versucht, formuliert Bèla Grunberger, ebenfalls einer der größten Psychoanalytiker des 20. Jahrhunderts, wenn es um Narzissmus-Forschung geht, wie folgt: „Der Fötus lebt in einem erhebenden Zustand vollkommener Homöostase ohne Bedürfnisse, denn diese werden automatisch befriedigt und können sich als solche noch gar nicht entwickeln. Wegen der parasitären Art seines Stoffwechsels kennt er weder Wunsch noch mit Entspannung verbundene Befriedigung, sondern lediglich ein vollkommenes Gleichgewicht."[6] Wie wir es auch beschreiben mögen, als Menschen sind wir oft Ge**trieb**ene: im Denken, im Sein, in den Wünschen und im Miteinander suchen wir nach diesem tiefen Gefühl: „Ich bin mit Dir verbunden, ohne Grenze und ohne Reibung." Manche beschreiben die Kraft des Verbunden-Seins, diese Energie und Dynamik als Eros, wie C.G. Jung, andere als Lebenstrieb, wie einst Freud.

Max, der sich auch nach dem Essen wieder dem Fußballspiel auf seinem Smartphone widmen wird, mag in dieser Form ange**trieb**en sein: Hier kennt er sich aus! Hier gibt es keine Meinungsverschiedenheiten. Hier gibt es nichts Fremdes. Hier gibt es Kontrolle! Er bestimmt. Er muss sich

---

[5] Keziah Jones „Rhythm is love",

[6] in: „Vom Narzißmus zum Objekt"; S. 27

nicht mit einem unbekannten, undefinierbaren Außen auseinandersetzen. Er muss nur die richtigen Knöpfe schnell genug bedienen, und schon ist er der Sieger in dieser seiner Welt – und in der Welt seiner Freunde.

Die soziale Welt ist auch die der Verbindung, der Geborgenheit, des Gefühls der Übereinstimmung, im *Wie* und im *Was*. Die Smartphone-Community bedient dieses Grundgefühl: Ein Ziel! Ein Spiel! Ein Interesse! Eine Technik! Ergo Eins-Sein. Auch erschafft das Beschäftigen mit dem Smartphone physisch einen eigenen Raum, wie in einer Blase. Die meisten von uns kennen dieses Gefühl: Sofort umgeben zu sein, umschlossen zu sein, sofort in einem Universum anwesend, das ebenfalls Kosmos ist, ein ganz eigener Kosmos. Im Unterschied zur Welt des Anderen, ist Max mit seinen Freunden in diesem Kosmos homogen. Alle wollen das Eine und alle kennen sich aus. Es ist auch Max, der mir später sein *iPhone* zeigen wird. Er schaut auf mein *Samsung*, das auf dem Tisch liegt und erklärt mir: „iPhone ist cool; Samsung ist hässlich!" „Weshalb?", frage ich erstaunt. „Schau doch mal hin! Das ist doch klar! Der Knopf hier ist doch viel schicker!" Als wir uns unterhalten, stelle ich fest: „Ist es nicht so, dass deine ganze Familie *Apple Geräte* besitzt?" „Genau", antwortet Max, „wir alle haben nur Apple. Mein Vater würde auch nie etwas anderes kaufen!" Gruppengefühl und soziale Zugehörigkeit, stimuliert durch Werbepsychologie, ist eine Emotion, keine rationale Entscheidung.

Nun ist der Moment des Auf-die-Welt-Kommens mit dem Augenblick zu vergleichen, als Max vor dem Abendessen am Tisch ab und zu auftauchte – auftauchte aus seinem homogenen Kosmos in die Welt des Gesprächs. Und exakt in diesem Moment ist nichts mehr klar, nichts mehr kontrollierbar. Nichts ist mehr einfach, denn lebendige Kommunikation ist weder zu bestimmen noch vorherzusehen: Sie ist Bewegung, Eingehen auf den Anderen, zuhören, lernen, sich reiben und suchen. Lebendige Kommunikation, die Austausch ist, will gelernt sein und ihre Basis ist Empathie.

In den folgenden Kapiteln werde ich diese Basis eines gelungenen Miteinanders noch ausführlicher beleuchten. Für den amerikanischen Psychoanalytiker Heinz Kohut, der gegen Ende des 20. Jahrhunderts die Selbstpsychologie begründete, ist Empathie die Grundlage für jede gute therapeutische Arbeit, aber eben auch für das Verhältnis zu Welt schlechthin. Empathie ist die erlernte Fähigkeit, sich selbst, sein Selbst wahrzunehmen, in den Grenzen zum Anderen hin, den wir zu erkennen, zu fühlen suchen. Mitgefühl ist eben diese Wahrnehmung des Anderen mit dem Herzen, ohne der Andere „zu werden".

In dem Augenblick, in dem wir auf die Welt kommen, beginnt das Verhältnis des Menschen zum Anderen, unweigerlich. Es beginnt im Übrigen auch das Bewusstsein der Sterblichkeit, denn ab der Sekunde des Auf-die-Welt-Kommens muss das Neugeborene um die Zufuhr seiner Nahrung, um das existentielle Überleben rufen, ja schreien. In dem Moment, in dem das kleine Erdenmenschlein aus der Blase seiner pränatalen Existenz herausgeschoben, gezerrt, gedreht oder geworfen wurde, ist es abhängig von seinem Gegenüber. Aus Allmacht kann Ohnmacht werden ... Kommt der Andere, der Mensch rechtzeitig? Muss es lange um die Nahrungsquelle bitten? Ist die Mutter als Hort der Nahrung präsent oder lässt sie das Neugeborene stundenlang warten? Stellen wir es uns einmal bildlich vor: Das Neugeborene braucht den Anderen, jetzt. Die Zeit, in der es existiert, ist immer ein JETZT, denn es hat noch keine Vorstellung, keine zeitliche Chronologie eines „früher oder später", einer irdischen Vergangenheit oder Zukunft, eines *es war* oder *es wird*. Der Embryo erkennt die Welt noch nicht in Farben, noch nicht in Tageszeiten, noch nicht in Jahreszeiten, sondern in der Dimension des Bedürfnisses: Essen, weil physisches Überleben und Körperkontakt; Liebe, weil inneres seelisches Überleben. Dies sind ja auch die Bedingungen, die uns Menschen ein Leben lang auszeichnen werden: Körper und Seele; Physis und Psyche, Außen und Innen. Das eine ist ohne das andere nicht zu haben, nicht zu leben: als Mensch. Physis und Seele definieren unser Menschsein in den Grenzen der Materie und insbesondere definieren sie unser Wohlbefinden und den Grad unserer Gesundheit.

In der Entwicklung des Menschenkindes gehört es zur Notwendigkeit, die frühe Mutter-Kind-Fusion, die es im Innenraum gab und zunächst auch im Außenraum gibt, zu verlassen, um sich auf die ersten Selbstobjekte[7], auf die Eltern als erste Spiegelfläche zu konzentrieren und einzulassen. Doch: „Die Aufhebung des narzisstischen Urzustandes ist in der Tat [...] mit der Hilflosigkeit verknüpft, die das Subjekt zwingt, das Nicht-Ich zu erkennen, [...].“[8], fasst Chasseguet-Smirgel zusammen. Nicht mehr der Embryo selbst ist die Instanz seines Ausmaßes, seines Ideals, sondern das Angewiesensein auf ein Objekt, auf den anderen Menschen wird von Sekunde an sein Überleben bestimmen und definieren.

So kommt mir Max vor, wenn ich ihn anschaue, wie er da im Kerzenlicht sitzt, wie er seine Augen vom Smartphone abwendet, um aufzutauchen: Max sucht etwas! Er sucht nach Kontakt, aber nach einem, den er kennt, den er gerade erlebt, den er bedienen kann, wie in seinen virtuellen Spielen. Die traurige Nachricht ist: Dieses Gefühl

---

[7] Begriff nach Kohut gewählt

[8] in: „Das Ichideal“; S. 19

der Homogenität, das Max gerade noch empfunden hat, wird er in der Kommunikation mit seiner Familie nicht finden. Das Nicht-Ich ist eben anders, ist außerhalb und somit Differenz. Die Bewegung vom *Gleichen zum Anderen* erfordert Interesse am stets Anderen und die Neugier für das Unbekannte. Vielleicht ist dies der Grund, weshalb sich Max nach Sekunden wieder seinem bekannten Raum zuwendet? Bliebe er in der „Außenwelt", beim Gespräch mit seiner Familie am Tisch, bedürfte es Zeit, ungefähr der Zeit von zehn Minuten, um teilzuhaben, um sich einzustimmen, um sich einzulassen: auf das (immerwährende) Andere als Fremdes, als Fremdes von uns selbst. (Und genau an dieser Stelle setzt die Kunst des Menschen im empathischen Miteinander an.)

Die narzisstische Sehnsucht, erst einmal im Außen, im Fremden angekommen, ist die Wiederherstellung der intrautinären Einheit im Mutterleib, so Chasseguet-Smirgel, Béla Grunberger oder auch der Selbstpsychologe Heinz Kohut. Die Anziehung eines homogenen Raums und Rahmens macht heutzutage – neben optischen Reizen – die Attraktivität der Bedienung eines Smartphones, Computers oder Bildschirms im Allgemeinen aus: Das Teil-Sein einer Gemeinde, die Kontrolle durch Bedienbarkeit, der Austausch mit Gleichgesinnten und somit das Abwenden des Fremden als dem unkontrollierbaren Ort, der (auch) Angst macht.

Zur Sehnsucht der Wiederherstellung des Eins-Seins gehören Charakteristika wie das Gefühl der Zeitlosigkeit, des Im-Moment-Seins, des *Jetzt*, in der es kein Gestern und kein Morgen gibt. Es regiert die Gegenwart als Zeitform. Offensichtlich kann das Anwesend-Sein in diesem *Jetzt* zu einem gewissen Suchtgefühl führen, nämlich dort bleiben zu wollen, wo es keine Sorgen über die Welt von gestern und morgen gibt.

Vielleicht kennen Sie diesen Gefühls-Raum bei

„gutem" Sex? Gut ist „gelebte Sehnsucht" immer dann, wenn es gelingt, uns nicht mit den Alltagsgedanken zu verbinden – mit den Fragen des Chefs, mit den Konflikten unserer Kinder, mit Unmutsgefühlen oder Traurigkeit, mit Verzweiflung, mit Vergangenheit oder Zukunft: In der „Praxis des Begehrens" sind wir da! Genau da. Gedankenfrei. Es regiert der *Istzustand.* Auch hier kommt die Sehnsucht nach Verschmelzung, nach Stillstand, nach Endlichkeit im *Jetzt* oder nach Unendlichkeit im Raum, wie wir es auch benennen möchten, zum Tragen. Wir sehen also bereits, dass Max' Sehnsucht nach dem SPIEL, nach diesem gewissen Gefühl, das die Bedienung des Smartphones bei ihm auslöst, ein zutiefst menschliches ist. (Und nur deshalb funktioniert die Allgegenwart des Geräts weltweit so gut: Die Werbepsychologen und PR-Abteilungen motivieren lediglich den Reiz für die Grundgefühle menschlichen Wohlbefindens.)

Bèla Grunberger formuliert die Sehnsucht nach Allmacht, die ebenfalls für den fötalen Raum charakteristisch ist: „Der Fötus ist wirklich allmächtig und souverän (in seinem Universum, das für ihn mit dem Universum schlechthin verschwimmt); er ist autonom und kennt nichts anderes als sich selbst... ."[9] Zum Zustand des *Jetzt* gehört auch das Gefühl der Allmacht als absoluter Autonomie. Der Mensch muss sich jetzt eben nicht ständig mit anderen abgleichen, reiben, relativieren, wie es die lebendige Kommunikation erfordert. Das Bedürfnis nach Omnipotenz ist ein sehr starkes menschliches Bedürfnis, das erst durch das Erscheinen des Nicht-Ich, des Anderen verändert wird: Wenn das Kind geboren wird, entsteht Abhängigkeit, die das Gegenteil von Allmacht und Autarkie ist – Abhängigkeit vom Essen und Abhängigkeit von Liebe. Da wir Menschen dazu neigen, in

---

[9] ebda.; S. 28

Gegensätzen zu fühlen, also zu denken, ist die Macht an ihr Gegenüber, an die Ohnmacht und ist die Allmacht an die Drohung des Verlusts gebunden. Wir ahnen: Allmacht ist Illusion und absolute Kontrolle ist unmöglich. In einer Welt der Globalisierung, in der nicht nur wir Erwachsene uns oft ohnmächtig erleben, in der die Welt, also das Andere absolut zu sein scheint und wir uns klein und gering empfinden, wächst die Sehnsucht nach Kontrolle: Wenigstens für Minuten und Stunden wissen, was „man" tut, wie und wann. Es war meine Tochter, die mir mit zehn Jahren erklärte, als sie von der Schule nach Hause kam: „Mutti, bitte! Darf ich den Computer anmachen? Ich möchte meine Serie gucken. Weißt Du, nur so kann ich mich richtig gut entspannen." (Wir hatten den Fernseher abgeschafft, weil wir glaubten, dass dies die Sehnsucht nach dem Bildschirm verändern würde.)

Vielleicht verstehen wir jetzt Max besser, dessen Sehnsucht zu einem homogenen Raum geht, zu EINEM Spiel, zur Heldenhaftigkeit im Spiel und zum Austausch unter Gleichen zieht. Je nachdem, welches Spiel Max spielen wird, wird es im Laufe der Jahre immer mehr um Sieger und Idole gehen und darum, die Rolle als Held zu erkämpfen und zu behaupten, stimuliert durch optische Reize und durch die Erzeugung von Spannung im Kriegsfeld. Wenigstens dort, wenigstens in dieser virtuellen Welt, in dieser Realität kann er dann siegen: in seiner digitalen Realität. Dort kann jeder Spieler Held, allmächtig und autonom sein; er muss nur die richtigen Knöpfe bedienen können, und also schnell genug, geschickt sein. Wer von uns würde die Welt nicht am liebsten auf diese Art und Weise meistern? Zum Meistern der digitalen Welt gehört nur Übung und die repetitive Praxis des Spielens. Max wird sich nur auf Kontrolle verstehen müssen, seines Spiel-Kommunikations-Allround-Geräts! Ist das nicht viel einfacher als der Umgang mit Menschen in einer globalen Welt?

Ich bin froh darüber, dass die Zeit der tatsächlich fantastisch umgesetzten, digitalen, dreidimensionalen Spiele an mir vorübergegangen ist. Die Gnade der früheren Geburt in diesem Fall ... Ich selbst wäre süchtig geworden!

Als Fazit dieses Kapitels schlage ich Ihnen folgende Gesichtspunkte vor:

1. Das ‚Abtauchen' in die virtuelle Welt, mittels Smartphones, Computern oder Bildschirmen im Allgemeinen, bedient eine Sehnsucht des Menschen nach Kontrolle, Gemeinschaft, nach Austausch mit Gleichgesinnten, Homogenität; und somit dem Abwenden von der „unkontrollierbaren" Kommunikation, dem unbekannten und undefinierbaren Außen, hin zum Gefühl der Einheit.
2. Psychoanalytiker wie Chasseguet-Smirgel, Béla Grunberger oder auch der Selbstpsychologe Heinz Kohut sprechen von der narzisstischen Sehnsucht nach der Wiederherstellung der intrautinären Einheit im Mutterleib, des Eins-Seins, mit dessen Charakteristika wie dem Gefühl der Zeitlosigkeit, des Im-Moment-Seins, des *Jetzt*, in der es kein Gestern und kein Morgen gibt, des gedankenfreien Zustands. Das Beschäftigen mit dem Smartphone erschafft physisch und energetisch einen eigenen Raum, wie in einer Blase.
3. Es ist notwendig, dass es im Miteinander Zeiten *mit* und Zeiten *ohne* die Bedienung des Smartphones gibt, für die Erwachsenen und die Kinder.
4. Lebendige Kommunikation, Empathie und das Austauschen mit dem Anderen will gelernt sein und erfordert immer eine Zeit des Einlassens.

2. Einblick in die Herausbildung menschlicher Fähigkeiten seitens der Gehirnforschung: Das kindliche Gehirn und seine Umwelt

Seit der jüngsten Gehirnforschung seitens der Biologen, aber auch Psychiater und Sozialwissenschaftler wissen wir, dass die Entwicklung des Gehirns nur zum Teil durch genetische Programme determiniert ist. Seele und Gehirn, Psyche und Körper sind weit mehr miteinander verwoben, als die Wissenschaft noch bis vor vierzig Jahren annahm. Damals war es der Beginn einer interdisziplinären Arbeitsweise, der Überzeugung, dass Forschung mehr Sinn macht, wenn wir sie dialektisch und somit als einen Dialog begreifen. So kam es, dass die Psychosomatik als Verständnis, dass Körper und Seele eine vernetzte Einheit bilden, auch in der Schulmedizin und in Universitätskliniken als Lehrfach angekommen ist.

Was geschieht mit dem Gehirn, wenn der Embryo wächst? Wenn der Mensch auf die Welt kommt? Gar im pränatalen Zustand hängt die Entwicklung des Gehirns von hochkomplexen Prozessen ab, die ablaufen, während die Zellen, die Nervenzellen, durch den sich entwickelnden embryonalen Körper wandern. Bereits am achtzehnten Tag nach der Befruchtung beginnt mit der Abschnürung des Neuralrohrs die Ausbildung des embryonalen Gehirns. In einer Gewebeschicht des Neuralrohrs entstehen aus Stammzellen Neuronen – Nervenzellen, die auf Signalübertragungen spezialisiert sind. Später entstehen erst die Hirnbläschen, um die sechste Woche dann die Anlagen zu den großen Hirnstrukturen. Die ersten neuronalen Netzwerke bilden sich aus. Diese neuronalen Verschaltungen festigen und stabilisieren sich, je öfter sie aktiviert werden. Und genau diese Fähigkeit der Vernetzung wird ein Leben lang anhalten. Diese Tatsache ist für unseren Zusammenhang von entscheidender Bedeutung: Der Satz im deutschen Volksmund *Was Hänschen nicht lernt, lernt Hans nimmermehr* stimmt nicht. Der Mensch kann seelisch und physisch ein Leben lang hinzulernen, wird jedoch durch stets wiederholende Handlungen vorbestimmt, determiniert. Lernen ist ein lebendiger Prozess: Auf Reize folgen Reaktionen; auf Stimulationen die Ausbildung weiterer Schaltstellen. Auf diese Weise entstehen im Gehirn für die verschiedenen Aufgaben Beziehungsmuster zwischen den Nervenzellen, die die Steuerung und Lenkung der unterschiedlichen Körperfunktionen allmählich erlernen und einüben, sodass sie sich als Kommunikationsnetz immer besser organisieren und miteinander verbinden.

Am Anfang ist Überfluss. Das menschliche Gehirn ist ein offenes, lernfähiges, überaus flexibles und anpassungsfähiges Organ. Die Wissenschaftler sprechen in diesem Zusammenhang von „genetischer Unterterminiertheit".[10] Das heißt aber auch, dass Umweltbedingungen massiven Einfluss auf die Entwicklung nehmen (werden). Durch Lernvorgänge passt sich der Organismus den jeweiligen Umweltbedingungen an. Da die genetischen Programme nicht „wissen" können, wie und wofür das sich entwickelnde Gehirn später einmal benutzt wird, sorgen sie für eine Vielzahl, einen Überschuss an Verknüpfungsmöglichkeiten. Das Gehirn ist sozusagen auf alles vorbereitet und wartet ab, welche Verknüpfungen in welcher Hirnregion und *wie* genutzt werden. Die ungeheure große Anzahl von potenziell lebensfähigen Verbindungen ist die Ursache für die Plastizität des jungen Gehirns – für seine Formbarkeit und seine flexible Veränderungsfähigkeit in der Reaktion auf äußere Reize.

---

[10] Siehe Gary Small: „iBrain – Wie die neue Medienwelt Gehirn und Seele unserer Kinder verändert", dt. Ausgabe gekürzt, Verlag Kreuz, 2009

Kontakte, Verbindungen und auch ganze Nervenzellen, die nicht in funktionierende, aktive Netzwerke integriert werden können, verkümmern und werden später einfach wieder abgebaut. Übrig bleibt ein fein herausgemeißeltes Gebilde hocheffizienter Netzwerke. Es ist jenes Verschaltungsmuster, das von einem Kind in seiner Familie, in seinem Kulturkreis tatsächlich gebraucht und deshalb regelmäßig aktiviert wird. Umso mehr es genutzt wird, desto stärker bildet es sich heraus. Dies gilt natürlich auch im Umkehrschluss: Nicht aktivierte Schaltstellen verkümmern und werden geschwächt. Vielleicht ahnen Sie bereits jetzt, was diese biologische Tatsache in unserem Kontext bedeutet: *Die Digitalisierung der Kinderstube* darf in keinem Fall zur primären Beschäftigung der Heranwachsenden werden.

Der „Prozess des Angebots und der Nachfrage", der Herausbildung von Nervenzellen und deren Verbindungen bei Aktivierung, beginnt vor der Geburt, im pränatalen Zustand. Das Gehirn formt sich bis mindestens zum Ende der Pubertät und läuft auf kleiner Flamme lebenslang weiter, wobei Netzwerke sich weiterhin stets bilden und verändern können. Neu erlernte Fähigkeiten und Erinnerungen können Netzwerke aktiv bilden, sie umformen, stärken oder hemmen. Der Begriff der Plastizität beschreibt die Fähigkeit von Synapsen, Nervenzellen und ganzen Hirnarealen, sich abhängig vom Grad ihrer Nutzung zu verändern. Mit synaptischer Plastizität ist die Eigenschaft von Synapsen gemeint, ihre Erregbarkeit auf die Intensität der Reize einzustellen, die sie erreichen. Daneben unterliegen auch Größe und Vernetzungsgrad unterschiedlicher Hirnbereiche einem Wandel, der von ihrer jeweiligen Aktivität abhängt. Dieses Phänomen bezeichnen Neurowissenschaftler als kortikale Plastizität.

So ist das Gehirn bei der Geburt des Kindes keineswegs fertig. Die Geburt ist vielmehr der Startschuss zu einem enormen Wachstumsschub: Im ersten Lebensjahr, in der postnatalen Phase, wächst das Gehirn um das Dreifache, der Kopf erreicht drei Viertel seiner erwachsenen Größe. Mit zwei Jahren ist die maximale Synapsen Konzentration im frontalen Kortex erreicht, das Gehirn des Kleinkindes wiegt fast genauso viel wie das eines Erwachsenen. Im zweiten Lebensjahr ist der Überfluss sozusagen an seinem Höhepunkt: Nun könnte genutzt werden, was auch immer zur Verfügung steht. Daher weiß auch der Volksmund, dass „in der Kinderzeit alle Fähigkeiten viel schneller erlernbar sind". Das System ist offen und „wartet" auf *Input*.

Wer kann sich heutzutage ein Leben ohne Computer, ohne Handy, ohne Internet, Videospiele oder *iPod* noch vorstellen? Die Idee, Kinder gänzlich von digitalen Medien fernzuhalten, ist nicht Ziel dieses Buches. Vielmehr ist zu verstehen, dass das Gehirn mit seiner Umwelt, in dem Kulturkreis, mit Angeboten, Reizen, Stimulationen und dank Motivationen stets im Austausch ist und daher lernfähig bleibt. Zu Beginn der Existenz des Menschen sind „die Regale der Bibliothek prall gefüllt". Nun kommt es darauf an, welche Wege beschritten werden, welche Anlagen die Eltern mit den Kindern nutzen. Ist uns Erwachsenen diese Vielfalt und Lernfähigkeit bewusst? Dann können wir auch begreifen, dass das Gehirn sich stets auf Nachfrage hin weiter modifiziert und ausbildet. So belegen neue wissenschaftliche Studien: Der stundenlange Gebrauch digitaler Medien stimuliert die Hirnaktivität, löst biochemische Prozesse aus, die Veränderungen im menschlichen Gehirn bewirken – und zwar nachhaltig. Während neue Fähigkeiten sich verstärkt entwickeln, wie das sogenannte „Multitasking", schwinden andere, z. B. soziale Fähigkeiten und körperliche Beweglichkeit, radikal.[11] Als anpassungs- und lernfähiges Organ

---

[11] ebda.

reagiert das Gehirn auf die Anforderungen, die die neuen technischen Möglichkeiten verlangen und modifiziert sich entsprechend. Der Fokus wird auf das Erlernen und den Umgang der neuen technischen Fertigkeiten gerichtet, andere, elementare soziale und körperliche Fertigkeiten erhalten weniger Aufmerksamkeit, wenn sie weniger genutzt werden: Wenn das Kind also vermehrt Fußball am Bildschirm spielt, anstatt sich körperlich zu betätigen, fehlt Bewegung, fehlt das Erlernen physischer Koordination, fehlt das Spielen mit Gleichaltrigen. Eine Folge ist der Abbau von Muskeln, Unbeweglichkeit und Fettleibigkeit. Umso weniger wir uns bewegen, desto schwerer fällt es uns und desto anstrengender wird es, wenigstens spazieren zu gehen. Viele Kinder (und auch Erwachsene) geben sich dem „geringsten Widerstand" hin und „hängen lieber ganztägig ab".

Wie im Kapitel zuvor angesprochen, muss lebendige Kommunikation erlernt werden. Ich werde in den folgenden Kapiteln aufzeigen, dass insbesondere Empathie und nonverbale Kommunikation, die zu Beginn der menschlichen Entwicklung gar wichtiger sind als die verbale Beziehung, verstehbar sein müssen: Die Fähigkeit, Zeichen zu deuten – Mimik und Gestik, Gefühle und Energien im Ausdruck des Gegenübers – ist für das menschliche Zusammenleben exemplarisch und gar überlebensnotwendig. Wir sehen, verstehen, noch bevor wir überhaupt in der Lage sind, das erste Wort mit einem Anderen auszutauschen.

Nun haben Neurowissenschaftler festgestellt[12], dass insbesondere die Fähigkeit der Deutung von Gestik und Mimik durch einen exzessiven Gebrauch der Medien tatsächlich verflacht: Den Gesichtsausdruck und die körperlichen Bewegungen des Gegenübers in Gesprächen zu deuten, zu interpretieren und auch subtile emotionale Reaktionen

---

[12] N. Strüber, G. Roth, G. Hübner, G. Small, M. Spitzer u.a.

wahrzunehmen, sind Kennzeichen lebendiger Kommunikation und überaus wichtig. Diese Fähigkeiten verkümmern oder werden mangels "Übung" in jungen Jahren nicht ausgebildet, wenn das menschliche Gehirn keine oder nur wenige Anregungen erhält. Andere Menschen im eigenen Kulturkreis deuten zu können, bevor sie sprechen, ist eine zu erlernende Fähigkeit; Menschen anderer Kulturkreise, die per Definition fremd und unbekannt sind, zu verstehen, bedarf noch weit mehr Bereitschaft des Einlassens auf das Fremde – und es bedarf einer ausgebildeten Fähigkeit des Dechiffrierens von Gestik und Mimik.

Für uns Erwachsene und Eltern ist demnach von fundamentaler Bedeutung: Es geht nicht darum, dem Kind den Gebrauch des Smartphones vor dem 11. Lebensjahr zu verbieten; aber es geht natürlich darum, die Menge, das *Wann* und das *Wie* aufmerksam zu begleiten. (Weshalb geht es mir nicht um das Verbot vor dem 12. Lebensjahr? Weil ich in allen sozialen Schichten, in alternativen wie traditionellen Populationen und bei den Eltern aller Berufsklassen und Bildungsstände in Großstädten feststellen konnte, dass die Kinder bereits in ganz jungen Jahren nach der Bedienung digitaler Medien lechzen. Sobald der Heranwachsende selbst ein Gerät besitzt, beginnt die Herausforderung der kontinuierlichen (nervigen) Beregelung. Ziel kann demnach nur sein, das Kind so lange als möglich vom eigenen Besitz eines Smartphones fern zu halten. In Großstädten ist dabei das 11. Lebensjahr – so habe ich es erfahren – bereits ein enormer Kraftakt der Eltern und vielen fällt es schwer, den Eintritt in die Grundschule ohne Smartphone zu gewährleisten.)

Die Schwächung der neuronalen Schaltkreise, die für zwischenmenschlichen Kontakte und Interaktionen zuständig sind, hat weitreichende Implikationen in unserem Alltagsleben. Wir werden im zwischenmenschlichen

Miteinander ungeschickter, können nonverbale Botschaften nicht mehr richtig deuten oder nehmen sie gar nicht mehr wahr. Daher war es für Max, den ich im Kapitel zuvor beschrieben habe, so schwierig, Teil des Gesprächs der Familie zu bleiben und zu sein. Das Deuten von Projektionen, von Mitgefühl oder auch Abwehr, von der Bereitschaft des Sprechens oder auch der Sehnsucht nach Stille, des miteinander Schweigens beispielsweise, ist für alle Menschen eine große Herausforderung, umso mehr für die heranwachsenden Lernenden. Die verbale und nonverbale Kommunikation bedarf eines regelrechten Trainings. Nicht nur auf lokaler Ebene, auch im interkulturellen Kontext kann es durch die Desensibilisierung als Folge der Verkümmerung von vernetzten Prozessen im Gehirn zu Missverständnissen, Fehlinterpretationen und dadurch auch zu weitreichenden Fehlentscheidungen kommen. Oder ganz simpel: Andere Kulturen werden in Sinn, Mimik und Gestik unverständlich und stoßen aufgrund von Mangel an Empathie Fähigkeit auf Gleichgültigkeit und globales Desinteresse. Das ist mein persönliches Horrorszenario.

Umso besser wir die Entwicklung des kindlichen Gehirns verstehen, desto detaillierter können wir Kinder in ihren jeweiligen Entwicklungsphasen begleiten und ihnen entsprechende Stimulierungen anbieten, die für eine möglichst optimale Entwicklung notwendig sind. Dazu gehört ganz klar das Einführen (und Durchsetzen) handyfreier, bildschirmfreier Zeiten. Es wird im Alltag Phasen des Spielens und des *Checkens* geben, für Groß und Klein, aber es sollte geregelte Zeiten des *ohne* geben, sowohl für den Elternteil am Frühstückstisch, der „nochmal schnell" die Nachrichten liest, als auch für das Kind, das nach dem Abendbrot im Bett „noch schnell" 100 *WhatsApp* Nachrichten gucken will. Die Kommunikation unter Menschen kann nur in der Praxis, im Tun erlernt und trainiert werden, nur, indem wir sprechen, fühlen, schauen, uns und den Anderen wahrnehmen, schweigen, uns erspüren lernen und lachen ... Laut einer Empfehlung der *American Academy of Pediatrics* sollte man Kinder bis zum Alter von zwei Jahren gänzlich von Fernsehen und Video fernhalten. (Man mag nicht glauben, dass diese Empfehlung ausgesprochen und gar betont werden muss.)

Auch der Schweizer Biologe und Pionier der Entwicklungspsychologie Jean Piaget kann uns im Verständnis der Entwicklungsphasen des Kindes unterstützen: Nach ihm erwirbt das Kind im Alter von zwei bis sechs Jahren grundlegende Sprachfähigkeiten. Doch das Denken bleibt relativ konkret, bis die Kinder das Teenageralter erreichen und allmählich lernen, abstrakt und logisch zu denken. So eignet sich das Kind bis zum 2. Lebensjahr die Welt durch das Sehen, Berühren und Schmecken an, wobei sich erste Sprachansätze gestalten. Bis zum 6. Lebensjahr erlernt das Kind die Welt als das Andere in seiner Vorstellungskraft zu verstehen und benutzt die Sprache zur Benennung der externen Objekte. Bis zum 12. Lebensjahr dauert es, dass das Kind logisches Denken übt und anwendet, um die ihm umgebende Realität erfassen zu können und bis zum 19. Lebensjahr braucht der Mensch, um abstraktes Denken zu erwerben, dass ihm erlaubt, Schlussfolgerungen über sich und die Welt zu ziehen.[13] Die modernen Gehirnforscher geben zu bedenken: Wenn die neuen Medien auf das junge formbare Gehirn weiter im derzeitigen Ausmaß einwirken, wird man diese traditionellen Entwicklungsphasen neu definieren müssen.

Ich möchte das Kapitel mit der Zusammenfassung des Buches *iBrain – Wie die neue Medienwelt das Gehirn*

---

[13] nach Piaget, in August Flammer: „Entwicklungstheorien“

und die Seele unserer Kinder verändert[14] von Dr. Gary beenden, der zu verstehen gibt, dass die derzeitige Ausbreitung der digitalen Technik sowohl die Art, wie wir leben und kommunizieren als auch unser Gehirn und die neuronalen Prozesse, die dort stattfinden, auf tiefgreifende Weise verändern wird. Er untersucht das Phänomen, wie der tägliche Umgang mit Hightech-Erfindungen dazu führt, dass Hirnzellen sich verändern und Neurotransmitter freigesetzt werden, wodurch im Laufe der persönlichen Entwicklung des Menschen neue neuronale Bahnen in unserem Gehirn gestärkt und alte geschwächt werden. Gary Small warnt eindringlich davor, dass diese technische Revolution in unserem Gehirn, insbesondere in dem der Kinder einen Evolutionsprozess in Gang setzen wird, der mit nie dagewesener Geschwindigkeit voranschreitet, der in der Evolution des Menschen einmalig ist und bisherige Stufen psychischer Entwicklung neu definieren wird.
Als Fazit fasse ich für Sie zusammen:

1. Das Gehirn reagiert auf Angebot und Nachfrage und modifiziert sich entsprechend. Die neuronalen Verschaltungen im Gehirn festigen und stabilisieren sich, je öfter sie aktiviert werden. Nicht aktivierte Schaltstellen verkümmern und werden geschwächt. Wir kommen mit einem Überschuss an Verknüpfungsmöglichkeiten zur Welt, im zweiten Lebensjahr ist der Überfluss an seinem Höhepunkt, das Gehirn formt sich bis mindestens zum Ende der Pubertät und läuft auf kleiner Flamme lebenslang weiter.

---

[14] *„iBrain - Wie die neue Medienwelt Gehirn und Seele unserer Kinder verändert"*, dt. Ausgabe (gekürzt) 2009, Verlag Kreuz GmbH, ISBN 978-3-7831-3196-3

2. Die lebenslange Anpassungsfähigkeit des Gehirns auf äußere Reize erstellt einen unendlichen Pool von Möglichkeiten.
3. Vor dem 2. Lebensjahr sollten Kinder nicht mit digitalen Medien konfrontiert werden.
4. Die verbale und nonverbale Kommunikation bedarf eines regelrechten Trainings im Alltag.
5. Der dosierte, begleitete und begrenzte Umgang mit digitalen Medien ist die Voraussetzung für das Erlernen menschlicher lebendiger Kommunikation.

3. Die Geburtsstunde der Empathie – Wiege der Menschheit?

Lisa ist zwölf Jahre alt. Am Freitagmorgen, kurz bevor sie in die Schule geht, erhält sie eine *WhatsApp* Nachricht von Martin, mit dem sie seit einem halben Jahr zusammen ist. In der Schule sitzen sie nur zwei Plätze voneinander entfernt. Seit sechs Monaten schreiben sie sich täglich mehrere Male, hauptsächlich um sich zu sagen: „Ich liebe Dich!" Heute Morgen also öffnet Lisa ihre Nachricht und liest: „Hallo Lisa. Ich habe eine andere geile Braut gefunden. Es tut mir leid. Wir können ja Freunde bleiben, Grüße und bis später, Martin". Lisa ist entsetzt, ein Schock. Wie kann er das tun? „Ich kann froh sein, dass er es nicht in den Klassenchat gesetzt hat, sonst würden es jetzt alle lesen!" Dabei ist sie besonders froh darüber, dass ihre Klassenkameraden die Aussage über „eine andere geile Braut" nicht zu lesen bekommen: „Bin ich etwa nicht so geil? Ist die andere geiler?" Sie muss wohl mal wieder ein paar Kilo abspecken ... Gedanken einer Zwölfjährigen!

Digitale Welt. Lisa und Martin schlafen abends nicht ein, bevor sie nicht alle Nachrichten gecheckt haben: Oft sind es über 200. Das ist normal. Im Chat schreibt jeder alles und dies meistens, ohne vorher darüber nachzudenken. „Wo bist du gerade? Was machst du gerade?" So der gängige Stil. Die Informationen sind vollkommen unspektakulär, aber lesen muss man sie dennoch: Es könnte ja irgendwo etwas Wichtiges stehen ... Das Wichtige ist vom Unwichtigen nicht getrennt, offenbar auch deshalb, weil diese Unterscheidung nicht (mehr) empfunden wird: Alles scheint *irgendwie* wichtig zu sein. So muss man immer *up to date* sein. Vielleicht verabredet sich ja gerade eine beste Freundin mit dem eigenen Freund? *Who knows?* Daher war es bisher auch entscheidend, dass

Lisa stets verfolgte, ob Martin gerade *online* ist. Ein ganz einfacher Kontrollmechanismus: Ist er online? Hat er die Nachricht abgerufen? Hat er sie also gesehen und antwortet dennoch nicht? Interessant: Briefe von meinem Freund darf ich nicht öffnen, bevor ich ihn gefragt habe. Das Checken von Verbindungen *wer mit wem und ob* muss nicht erst erlaubt werden. Angenehmer wird es dadurch nicht. Manche meiner Patienten verbringen die Hälfte ihrer Therapiesitzung mit dem Erzählen ihrer Sorge: „Mein Freund war die ganze Zeit *online*. Er hat meine Nachricht auch gesehen, aber seit heute früh nicht darauf geantwortet. Ich frage mich also, was er hat? Ist er sauer? Und da er dennoch die ganze Zeit im Netz surft, mit wem redet er da eigentlich?"

Meine Beobachtungen haben ergeben, und ich schließe mich somit der Ansicht Gerald Hüthers[15] an, dass die Unterscheidung von Wichtigem und Unwichtigem bei Kindern, die meist *online* sind, kaum mehr empfunden wird, dass vor dem Verschicken der Nachrichten nicht mehr nachgedacht wird, d.h. nicht in einen Prozess des chronologischen Reflektierens gegangen wird, wie ich ihn noch kenne und auch praktiziere: Bevor ich eine Nachricht verschicke, überlege ich mir natürlich, was ich und weshalb nun zu sagen habe und ob diese Information (in etwa) vollständig ist und ich sie daher jetzt übermitteln kann. Ein für mich vollkommen selbstverständlicher Vorgang. Weshalb ich mir diese Gedanken mache? Nun, um zu verhindern, dass ich stundenlang am Apparat irgendwelche *incomes* der flachen Ebene abrufen muss.

Wenn sich Lisa und Martin zum Kino verabreden, dann sehen die ein- und ausgehenden Chats in etwa so aus: „Wann wollen wir gehen? Wo wollen wir uns treffen? Meinst

---

[15] Ein scharfsinniger deutscher Neurobiologe, auf den ich mich noch oft beziehen werde.

du, das ist praktisch? Wollen wir uns nicht lieber dort treffen? Glaubst Du, um „halb", das reicht oder doch lieber „viertel nach"? Bringst du Geld fürs Popcorn mit? Wieviel Geld nimmst du mit? Lädst du mich dann ein? Ok, ich bezahle selber. Reservierst du die Karten? Bist du dann eine halbe Stunde vorher da? Ok, wenn du nicht kannst, dann frage ich meine Eltern, ob sie die *Tickets* abholen können. Dein Bruder kann das machen? Sagst du mir dann nochmal Bescheid?" – und zehn Minuten später beginnt der zeitverlustige Wahnsinn aufs Neue. Und da fragen wir uns noch, weshalb unsere Kinder (oder wir Erwachsenen) ständig am Handy hängen?

Natürlich ist der Ton, der den Eingang der Benachrichtigungen ankündigt, auf laut gestellt. „Nichts zu verpassen ist das Ziel!" Auch Siebenjährige können bereits von dem Gefühl getrieben sein, dass „da draußen" die Welt abgeht, während ohne Apparat die Langeweile und das Desinteresse regieren. Alleinsein heißt in der digitalen Welt Abgeschnittensein. Während für mich das Alleinsein mit dem Gefühl der großen Freude, weil Kreativität einhergeht, so fühlt sich ein vornehmlich computerisierter Mensch, der ohne andere ist, der auf sein Selbst zurückgeworfen ist, der in der digitalen Welt „unvernetzt" ist, oft ausgeschlossen. Es hat nicht zwangsläufig etwas mit dem Gefühl der Einsamkeit zu tun, denn Einsamkeit ist eine seelische Komposition; vielmehr könnten wir es übersetzen mit: „Da draußen sind ALLE und ich bin hier, zurückgelassen. Ich bin nicht Teil (der großen digitalen Familie)." Ich glaube, wir können es am besten mit einem Gefühl von Verlorensein beschreiben. *Drinnen oder draußen*, das hat tiefenpsychologisch, wie Sie nun dank des 1. Kapitels wissen, etwas mit der Zeit vor und nach der Geburt zu tun, mit dem „in der Blase sein oder nicht mehr darinnen". Vielleicht wird dieses symbolische Abgeschnittensein von der „digitalen Familie" daher auch als dramatisch, als existentiell erlebt, solange es nicht bewusst wahrgenommen wird. In dem Moment nämlich, in dem ich diesen Zusammenhang „angeblichen Abgeschnittenseins von der Welt" mit Menschen in meiner therapeutischen Praxis genauer anschaue, können wir ihn dank gefühlter Einsicht verändern; dann nämlich, wenn das Smartphone wieder lediglich als ein Apparat angesehen und empfunden werden kann, im Gegenüber bewusst verortet und somit wieder kontrollierbar wird, das Ein- und Ausschalten, das Stummschalten, entsprechend der Frage: Möchte ich mittels des Apparats jetzt überhaupt in Verbindung treten? Wird diese Bewusstseinsarbeit nicht geleistet, scheint das Handy bei bereits süchtigen Kindern oder Erwachsenen als ein Teil des eigenen Körpers empfunden zu werden. Ausschalten kann dann wie eine Art Amputation, gar wie Sterben empfunden werden.

Gespeist ist der Benachrichtigungston übrigens mit einer charakteristischen Lieblingsmelodie, am besten *gedownloadet*, denn der Klingelton verweist auf die Besitzer – und somit auf ihre *Peergroup*, also auf die Vorlieben, vom Kleidungsstil bis zur Musikrichtung. Das ist für Lisa und Martin wichtig. Die Zugehörigkeit entscheidet nämlich über die Menschen, die sich für sie interessieren und somit über ihr soziales Umfeld.

Mit Empathie unter Freunden, mit Mitgefühl und emotionaler Zugewandtheit hat das alles wenig zu tun, sondern mit digital nachvollziehbaren Erkennungsmerkmalen, die wiederholt werden, eingesetzt werden, die abrufbar sind, die mittels PR als Bild stilisiert werden. Man könnte sagen: „Wiederholung statt Wachstum". Wenn Martin zu Lisa spricht: „Wir können auch Freunde bleiben", ist das eine Phrase, um die Härte des Gesagten abzumindern, um sich einen „weichen Übergang" zu verschaffen. Das Bedürfnis, den anderen nicht zu verletzen, ist durchaus aktiv. Martin will Lisa mit seiner Nachricht am Morgen weder schmerzen noch schocken; er will sich aber auch nicht stellen, den Konflikt aushalten und dem Anderen „in die Augen schauen" müssen. Diese Konfliktscheu ist kein Phänomen des digitalen Zeitalters, wird aber durch den Missbrauch digitaler Medien wesentlich verstärkt. Die meisten Menschen haben Schwierigkeiten, Probleme im vis-à-vis auszutragen, denn auch diese Fähigkeit muss der Mensch erst lernen, ebenso wie Mitgefühl und Empathie erlernbare Prozesse sind.

Was im digitalen Zeitalter vermehrt zu beobachten ist, ist die Tatsache, dass die Digitalisierung des Alltags die menschliche Schwäche der Konfliktscheu begünstigt, verstärkt, indem sie Alternativen schafft, die menschlich gesehen keine sind! Sie sind technisch möglich. Der Charakter wird dadurch nicht geschult, vertieft, geschliffen oder gestärkt: Die Scheidung von der Ehefrau kann per *WhatsApp* angekündigt und getextet werden; ausgetragen und diskutiert wird sie dadurch nicht. Die digitalen Lösungen sind aus dem Blickwinkel des ganzheitlich erwachsenen Menschen, oder mit der Transaktionsanalyse gesprochen des Erwachsenen-Ichs Scheinlösungen, nämlich schlichtweg das Begünstigen von Flucht- und Abwehrmechanismen, denen ich mich in einem anderen Kapitel noch ausführlicher widme. Mir bereitet dabei Sorgen, dass Kinder, die spätestens seit dem 6. oder 7. Lebensjahr chatten, kein Gefühl mehr für diese Unterscheidung entwickeln: Wenn es auch „flach" geht, weshalb sich die seelische Mühe der „Tiefe" machen, welche die kritische Auseinandersetzung mit seinem eigenen Ich voraussetzt? Das Beenden der Beziehung wirft Martin im Netz genauso raus, wie eine Beschwerde über den Mathelehrer, über einen ehemaligen Freund, der jetzt 'nen *Looser* ist oder wie seine Fußball-Sticker, die er durchs Netz jagt. Der Vorgang der

Kommunikation ist nicht tief-vertikal, sondern flach-horizontal. Und das ist keine Bewertung, sondern eine Beschreibung. Seelische Prozesse, die „mit der Welt" beginnen, nämlich mit der allerersten Kommunikation zwischen dem Neugeborenen und seiner Umwelt, führen tief in das (scheinbare) Labyrinth emotionaler Vernetzungen, Verstrickungen, Verwirrungen und Lösungen. Sie bedürfen einem Sich-stellen, dem Nachdenken; sie bedürfen des Mutes, auf den anderen zuzugehen und der Lust vom Anderen über seine Grenzen hinaus zu lernen. Sie bedürfen des Aushaltens und Lösens von Frustration, von Verletzung und Enttäuschung. Der Mensch lernt über „die Nacht zum Tag", nicht, indem er fünfundachtzig Jahre lang auf der Frühlingswiese wie ein junges Reh umherspringt. Oder anders gesagt: Die Entstehung des Ichs und des Selbst wird durch die Auseinandersetzung mit Konflikten geschult, bereits vor dem 2. Lebensjahr, und muss erworben werden, bevor die flächendeckende Digitalisierung des Alltags *für Klein bis Groß* beginnt. Heinz Kohut, der amerikanische Begründer einer eigenständigen psychoanalytischen Tradition, der Selbstpsychologie, hat sich seit den 70er Jahren nicht nur mit der Entstehung eines Selbstbegriffes auseinandergesetzt, sondern in diesem Atemzug auch die Empathie als Lebenskonzept entwickelt.[16] Dabei hat er herausgearbeitet, dass es bei seelischer Gesundheit und Schwäche immer um die Frage geht: Das Ich im Bezug zur Welt, zu den ersten Objekten/ Subjekten, zu Mutter und Vater, zur Familie. Wie schafft es das Kind, sich im Bezug zur Welt zu positionieren? Und wie unterstützt die Umgebung ein selbst-bewusstes Kind? Diese erste erlernbare Position ist abhängig von der Mutter, mit

[16] Heinz Kohut „Die Heilung des Selbst", suhrkamp taschenbuch wissenschaft, Frankfurt/M., 1981, erste Auflage

welchem Blick sie ihr Kind spiegeln kann, mit welcher seelischen Präsenz und Empathie, aber auch von den frühen Bezugspersonen, wie es ihnen gelingt, den kleinen Menschen als Ganzes wahrzunehmen. An der Universität in Genf und an Instituten in Berlin überlege ich gemeinsam mit ErzieherInnen, wie wir das Bewusstsein für das Selbst bei Kindern dank kreativer Mittel fördern können.

Was ist Freundschaft? Sich per *Facebook* auszutauschen? Sich per *Messenger* digital zuzuwinken? Nachrichten durchs Netz zu schicken? Was macht Freundschaft unter Menschen aus? Facebook Freunde fühlen sich ja als Freunde; wir fühlen uns ja vernetzt und verbunden. Was fehlt aber in dieser Beschreibung? Menschliche persönliche gegenwärtige Nähe. Mittlerweile ist es nicht mehr ungewöhnlich, dass Beziehungen digital und nicht persönlich beendet werden, so auch im therapeutischen Setting: Die beispielhaft eingegangene therapeutische Beziehung wird heutzutage relativ mühelos per SMS aufgekündigt. Vor ein paar Jahren waren es noch E-Mails. Doch das Schreiben der Mails tritt mehr und mehr in den Hintergrund sowie auch das Verfassen von Kurznachrichten (Short Message Service). Im gefühlten *Früher,* vor 20 Jahren erst, war es für mich undenkbar, die Sitzungen mit meiner Psychoanalytikerin per Telefon aufzulösen. Tatsächlich undenkbar, also nicht einmal in Erwägung zu ziehen ...

„Über Grenzen hinweg – Empathie als Wiege der Menschheit", so der Titel eines Dokumentarfilms, den ich gerne in meinen französisch-sprachigen Seminaren in Genf einsetze. Er zeigt ein „Experiment", das die französische Sektion von *Amnesty International* im Zusammenhang mit der Flüchtlingsfrage entwickelt hat. Es geht darum, unter die horizontale Ebene zu blicken, hinein in die Tiefe: Was sagen und schreiben die Medien über einen Somalier und wie begegne ich dem Menschen, der aus Somalien kommt? Unter Umständen zwei ganz unterschiedliche Antworten ... Begegnung zwischen zwei Menschen, von Angesicht zu Angesicht, Auge in Auge, ohne Worte: Schauen. Zwei Menschen, ein Flüchtling und ein Europäer, schauen sich drei Minuten lang an, ohne ein Wort zu wechseln, ohne sich abzuwenden. Zwei Menschen sitzen sich auf Stühlen gegenüber und sprechen nicht. Sie blicken sich an. Was geschieht, wenn die verbale Kommunikation nicht im Vordergrund steht? Was, wenn es nicht um die Frage geht: „Was arbeitest du? Seit wann bist du in Deutschland? Woher kommst du?" Klassifikationen, Raster, Schubladen. Im Endeffekt sind sie nichtssagend, das macht dieser Einblick zwischen zwei Menschen deutlich - sich während einiger Minuten anzuschauen und in die entstehende Dichte zu lauschen, das entstehende Feld zu spüren. „Die Wiege der Empathie" liegt inmitten, dazwischen, sogar zwischen den Worten. „Ich schaue mit dem Herzen", hat Saint-Exupery einst formuliert. Hier kommt es zum Tragen.

Die Geburt der Empathie: Ein Baby schreit. Es ist vor 2 Stunden auf die Welt gekommen, in der Badewanne, weil es Ann, die Mutter, sich so gewünscht hat. Philipp, der Kleine hat es gutgehabt: Er konnte von der Wassertemperatur des Mutterleibes direkt ins selbe Element Wasser „schwimmen": 37,5 Grad Celsius, trotz des Winterfrosts, der sich schon am Fenster zum Badezimmer abzeichnet. Philipp schaut in die Augen seiner Mutter und erkennt: Sie ist aufmerksam und hat sich scheinbar richtig auf ihn gefreut, obwohl sie nicht einmal wusste, dass es ein Junge werden würde. „Sie sieht mich zum ersten Mal und schon leuchten ihre Augen!" Philipp kann die Augen seiner Mutter noch nicht sehen, dafür aber ihre Energie wahrnehmen - die Zuwendung, das Mitgefühl, die Liebe und ihr Strahlen: ein Leuchten. (Es ist dasselbe Phänomen, das Menschen in der Lage sind wahrzunehmen, wenn sie sich in einem meditativen Zustand befinden: Ihre Augen geschlossen, „sehen" sie die Menschen ihres Umfeldes als Farb- und Lichteindrücke.) Als ich vor ein paar Jahren mit einer alten blinden Frau arbeitete, bestätigte sie mir diese Annahme. Eines Tages kam ich im Altenheim in ihr Zimmer, als sie sich gerade anzog. Sie drehte sich weder um noch hatte ich etwas zu ihr sagen können, als sie zu mir sprach: „Sie, Clara, sie muss ich gar nicht hören oder sehen, um zu wissen, dass sie es sind. Sie leuchten immer so, dass ich ihr Strahlen erkenne!" Das hat mich wahnsinnig gefreut und wie Sie lesen, hat es sich in mir positiv abgebildet.

Philipps Eltern haben sich überraschen lassen. Ann und Ben, seit acht Jahren ein Paar, wollten unbedingt eine Familie gründen. Nun ist es da, dieses Wunschkind. Und wenn sie Philipp jetzt in die Augen schauen, haben sie das Gefühl, dass er von ganz weit hergekommen ist, so tief ist das Braun seiner Augen. Philipp spürt ihre Blicke und fühlt sich geborgen: „So warm und weich ist es hier!", denkt er sich, „fast wie drinnen, nur das Licht ist anders." Tatsächlich wissen wir heute, dass Embryos ab der 24. Woche im Mutterleib aktiver wahrnehmen und träumen, als wir das vor 50 Jahren noch annahmen. Das Licht, das durch die Bauchdecke scheint, wirkt rötlich und so ist der gesamte Innenraum des werdenden Wesens warm, durch das Element Wasser bewegend und in eine gemütliche Atmosphäre getaucht. Bis es eines Tages zu eng wird ... dann reicht der Platz nicht mehr aus, das Ungeborene drückt sich hin und her und wird sich irgendwann nach draußen pressen.

Ann und Ben gehören zu den Eltern, die auch schon eifrig mit ihrem Kind zugange waren, solange es noch im Mutterleib zuhause war. Ben legte gerne seine Lieblingsmusik auf, George Benson, Gitarrensolos und Ann las des Abends gerne laut vor. Beide unternahmen dies im Wissen und in der tiefsten Überzeugung, dass ihr ungeborener Sprössling von der Gemütlichkeit und Nähe profitieren würde, dass es ihm guttun würde, die Liebe und das Mitgefühl seiner Eltern zu empfinden. Und tatsächlich konnte Philipp seine Eltern schon lange hören, noch bevor er in diese Welt rutschte. (Literatur). Philipp hörte die Musik und auch die Stimmen seiner Eltern, und vor allem erkannte er den Ton: War er freundlich oder aggressiv? Philipp spürte in seinem runden geschützten Ei: „Sie sind lieb mit mir! Sie streicheln die Hülle meines Reiches und ihre Stimmen klingen zärtlich und warm."

Als Tiefenpsychologen, als spirituelle Heiler, als Biologen und Psychologen – wir alle sprechen seit einigen Jahrzehnten vom prä- und postnatalen Zustand, vom „im Mutterleib sein" und der Zeit danach. Im vorigen Kapitel habe ich Ihnen dank der Psychoanalytiker Grunberger und Chasseguet-Smirgel den „homogenen Zustand" des Mutterleibes beschrieben. Um mit Ihnen die „Geburtsstunde der Empathie" zu erkunden, möchte ich Ihnen von der Zwillings- und Säuglingsforschung „vor und nach der Geburt" erzählen. Wenn Heinz Kohut als Selbstpsychologe die Geburt der Empathie mit dem Moment des „auf die Welt Kommens" auslotet, so tut dies die Psychoanalyse der vorgeburtlichen Lebenszeit über das Wesen des Daseins der neun Monate im Leib der Mutter. (Übrigens zählen sowohl die Psychoanalyse der vorgeburtlichen Zeit als auch die Neurodidaktik, die Teil dieses Buches sind, zur Entwicklungspsychologie.)

Als ich mich in den 90er Jahren begann, mit dem pränatalen Zustand psychoanalytisch zu beschäftigen, war das eine Neuheit. Bis zu dieser Zeit, sowie auch heutzutage in den meisten Kulturen auf dieser Erde, dachte und denkt man, dass das Embryo neun Monate lang wartet, um auf die

Welt zu kommen. Man machte und macht sich darüber keine Gedanken, was wohl in ihm vorgeht, ob überhaupt etwas in ihm vorgeht und wie es sich darinnen wohl fühlt. Ich selbst fand es unheimlich spannend, mich mit der psychoanalytischen Forschung der *Babywatcher,* der Zwillinge und Säuglinge zu beschäftigen und war erstaunt darüber, zu erfahren, wie sehr das Neugeborene auf seine Umwelt reagiert, aber umso mehr, dass die ersten Grundlagen für dieses „Wie komme ich auf die Welt?" bereits im Mutterleib zu verankern sind. Und wir als spirituell Wahrnehmende gehen von vielen Leben und Existenzen aus.

Um Sie auf diese Reise mitzunehmen, woher wir kommen und wie, möchte ich Ihnen die italienische Neuropsychiaterin Alessandra Piontelli vorstellen. Die Pränatalpsychologie, in der Piontelli zuhause war und ist, ist ein Teilgebiet der Entwicklungspsychologie und der Psychoanalyse. Piontelli betrieb als eine der ersten Zwillingsforschung prä- und postnatal, also vorgeburtlich und nach der Geburt, und konnte feststellen, dass sich nicht nur Reize auf das Dasein vor unserer Geburt auswirken, sondern entscheidender noch, dass bestimmte Verhaltensweisen, die bereits im Mutterleib beobachtet werden konnten, den Charakter des Kleinkindes und Menschen prägten. So nahm sich Alessandra Piontelli[17] vier Jahre lang Zeit, um Kinder ab der 20. Schwangerschaftswoche und zwar Zwillingspaare zu beobachten. Sie konnte feststellen, dass sich Zwillingspaare prä- und postnatal durchaus charakteristisch verhalten: Wenn beispielsweise der eine Zwilling im Mutterleib den gesamten Innenraum einzunehmen suchte, während sich der Andere immer zu

---

[17] Alessandra Piontelli: „Vom Fetus zum Kind. Die Ursprünge des psychischen Lebens – Eine psychoanalytische Beobachtungsstudie", Klett-Cotta, Stuttgart, 1996

ducken hatte, so war das selbe Verhalten unter den Geschwisterpaaren auch als Säugling und Kleinkind zu beobachten: Der Eine nahm alle Spielzeuge an sich, breitete sich aus, während der andere begierig versuchte, wenigstens eines davon zu erhaschen und somit seinen Raum zu markieren. Empirische Datensammlungen wertete Piontelli demnach tiefenpsychologisch aus, da sie dank der Langzeitstudien an den Kindern die im Mutterleib gemachten Beobachtungen im realen Leben wiedererkennen konnte. Mit dem schönen Titel „Vom Fetus zum Kind" suchte Piontelli nach den Ursprüngen des seelischen Erlebens und wurde vielfach fündig.

Ich möchte Ihnen von einem Zwillingspaar erzählen, von einem Jungen und einem Mädchen, von Alicia und Luca. Schon bei der ersten Ultraschall-Untersuchung, in der 20. Woche, also im 5. Schwangerschaftsmonat, erkannten die Mutter als auch Frau Piontelli charakteristische Handlungen, die sie überraschten: Luca, der Junge, war zwar wesentlich kleiner als seine Schwester Alicia, aber er war sehr mobil und schien an dem Umfeld „seiner Blase" sehr interessiert zu sein. Seine Mutter rief aus, als sie den Jungen in ihrem Leib sah: „Oh, mein Gott! ... Sehen Sie sich an ... er ist noch so klein, aber er scheint überhaupt keine Lust mehr zu haben, noch länger im Bauch zu bleiben ..."[18] Auch Frau Piontelli notierte sich zur selben Zeit, dass sie das Gefühl habe, der kleine männliche Zwilling sei schon eine richtige Persönlichkeit und man stelle sich ihn als Kleinkind, und nicht als Fötus, vor. In dieser 20. Schwangerschaftswoche konnten Frau Piontelli und die Mutter des Zwillingspaares auch beobachten, wie Luca von Zeit zu Zeit seine motorischen Aktivitäten unterbrach, um sich seiner Schwester zuzuwenden. Durch die trennende Membran

---

[18] ebda.

suchte er ihre Aufmerksamkeit, tätschelte ihr Gesicht. Wenn sich Alicia dann in seine Richtung drehte, schmiegten sich beide, durch die Membran hinweg, Wange an Wange und „schmusten" miteinander. Seitdem wurden sie die „freundlichen Zwillinge"[19] genannt.

Nach der Geburt wurden beide weiterhin beobachtet und es bestätigte sich, was bereits im Mutterleib wahrgenommen werden konnte: Während Luca der interessierte und aufmerksame Zwilling war, der sich seiner Umwelt zuwandte, so war Alicia hingegen schwerfälliger, desinteressierter und „von sich aus glücklich". Sogar der Gewichtsunterschied „sehr zart und behäbig", den die Föten zeigten, war im postnatalen Dasein auffällig wieder zu erkennen.

Piontelli besucht die Zwillinge mehrmals Zuhause, um mit ihnen zu spielen, um sie zu beobachten und mit einem psychoanalytisch geschulten Blick aufmerksam die Verbindungslinien vor und nach der Geburt zu entdecken. So erkennt sie immer wieder Zusammenhänge des früheren Lebens im Mutterleib, die die Kinder nun in der Aktualität neu abbilden. Sie erzählt: „Er zeigt mir seine beiden Autos und lässt sie nebeneinander auf der Rennbahn fahren. Er sagt: ‚Sie fahren zusammen ... nebeneinander ... aber zum Schluss ist das kleine Auto Sieger ... es ist leichter, aber schneller ...'"[20] Diese Beschreibung des Jungen ähnelt in verblüffender Weise dem Zustand im Mutterleib, als er mit seiner Schwester Alice nebeneinander existierte. Er, Luca, war kleiner, aber motorisch stets lebendiger und er war es auch, der zuerst aus dem Geburtskanal drängte und eigentlich schon „in der 20. Woche auf die Welt kommen wollte".

---

[19] ebda., S.180

[20] ebda., S.198

Als die beiden Zwillinge ein Jahr alt waren, wurde Piontelli Zeugin einer Begegnung, die sie stark berührte, einer Art Lieblingsspiel der beiden, das Luca und Alice wohl sehr gerne und häufig vollführten. Es erinnerte sie an Beobachtungen des Ultraschalls in der 20. Schwangerschaftswoche: „Als Alice und Luca ein Jahr alt waren, konnte man sie häufig bei ihrem Lieblingsspiel beobachten: Sie benutzten den Vorhang im Wohnzimmer als eine Art trennende Membran, um ihre Köpfe sanft aneinander zu reiben, so wie sie es in ihrer pränatalen Vergangenheit getan hatten – eine Angewohnheit, die ihnen den Spitznamen „die freundlichen Zwillinge" eingetragen hatte.[21]

Die „Geburtsstunde der Empathie", noch bevor der Mensch ein Mensch wird? Wie es uns im Mutterleib ergeht, wie die zukünftigen Eltern mit uns sprechen, ob sie sich auf uns freuen, wie die Mutter das Ungeborene wahrnimmt, als Freude oder als eine Last, gibt dem werdenden Menschen eine Vorahnung, zumindest aber eine bestimmte Atmosphäre, die ihn umhüllt, auf seinen Weg ins postnatale Leben, nach der Geburt. Für Philipp bedeutet es ganz konkret, dass er Liebe und Mitgefühl als warme weiche Herzensbegleitung, als Rhythmus des Herzens mit sich bringt – eine bestimmte Frequenz, eine Schwingung, die ihn sein Leben lang begleiten wird: eine Melodie.

Empathie bedeutet, bei sich selbst zu sein und zu bleiben, zentriert zu sein, und inmitten dieser Eigenverbindung die Verbindung zum Anderen aufzunehmen. Daher passt das symbolische Spiel der Geschwister Alicia und Luca recht gut, um die Emotion, um das Verhalten der Empathie zu verdeutlichen. Diese Definition setzt eine Menge Kommunikationsstrategien

---

[21] ebda., 201

voraus, die der Mensch im Laufe der ersten Jahre seines Lebens erlernt und bis zum Ende seines Daseins trainieren muss. Bei sich selber zu bleiben und vom anderen nicht „überschwemmt" zu werden; mit dem Anderen sein zu können, ohne eine Distanz als Mauer aufrecht erhalten zu müssen; sich verbinden zu können, ohne im Mitleid zu verschmelzen, Konflikte mit dem anderen Menschen durchzustehen, ohne die Beziehung als solches abzubrechen – all dies sind erlernbare Strategien der lebendigen Kommunikation. Vorerst können wir sagen und unterstreichen: Digital werden sie nicht erworben. Es ist unmöglich, lebendige Kommunikation digital zu ersetzen. Diese Tatsache sollte uns allen als Eltern bewusst sein, am besten, bevor wir unserem Kind das erste Smartphone kaufen: Ab dann nämlich werden Kontrolle, Regeln und klare Grenzen aufgrund des praktisch sofort eintretenden Suchtcharakters unumgänglich sein. Es wird anstrengend. Und es wird Konflikte geben. Ich kenne praktisch kein einziges Kind, dem es leichtfällt, das Smartphone als einen von sich getrennten Apparat, als eine Maschine anzuerkennen, die entsprechende Distanz aufrecht zu erhalten und folglich den Apparat problemlos auszuschalten.

Heinz Kohut wird nicht müde, auf die Rolle der Empathie, d.h. der Einfühlung in die Introspektion des Anderen, hinzuweisen. Kohut hat als Psychoanalytiker diese Form des Mitfühlens in der therapeutischen Arbeit in den Vordergrund gestellt: Keine Interpretationen, keine psychoanalytischen Sachverhalte, nicht die (traditionell eingeforderte) Distanz zwischen dem Patienten und Analytiker, sondern dieses Band des Händereichens. Die Empathie ist für ihn jedoch nicht nur Therapieinhalt- und ziel, sondern in gewisser Weise gar ein Ideal der Lebensführung: Wie sehe ich mich? Wer bist Du? Was verbindet uns? Was ist drin in meiner Eigen-Art? Kohut sagt über ein gesundes Selbst: „[...] d.h., daß wir vom Erzielen einer Heilung dann sprechen sollten, wenn ein energetisches Kontinuum im Mittelpunkt einer Persönlichkeit hergestellt wurde und damit die Entfaltung eines produktiven Lebens zu einer realisierbaren Möglichkeit geworden ist."[22] Die Geburt der Empathie beginnt für Kohut postnatal mit dem „auf die Welt Kommen" des Menschen. Sie beginnt mit der ersten Bindung zur Mutter und zum Vater, zu den sogenannten Selbstobjekten und es wird keine 2 Jahre Lebenszeit benötigen, dass sich die ersten Frustrationen mit dem Ziel der Entbindung vom Anderen zeigen. Wir können uns es so vorstellen: Wir waren gefühlt EINS und müssen in die ZWEIHEIT kommen, müssen akzeptieren, dass es das Eine, das Homogene nicht gibt, sondern dass der Andere getrennt von uns und immer anders als wir ist: Die Geburt der Differenz. Die ersten Zielstrebungen des Kleinkindes, seine ersten Frustrationen und Wutattacken werden aus der Wahrnehmung des ersten Bruches entstehen: Du bist Nicht-Ich!

Somit ist die Geburt der Empathie an die Differenz gebunden. Erst, wenn wir akzeptieren, dass der Andere (erstmals die Mutter) von uns getrennt ist, können wir uns (ihr) wieder annähern und in das Gefühl der Empathie kommen. Nur die Empathie als ein menschlicher Lernschritt schließt Bindung und Trennung ein; das Mitgefühl zum anderen einerseits sowie das tiefe Wissen, dass der Andere nicht Ich ist, andererseits. (In dem folgenden Kapitel nehme ich darauf noch Bezug.)

Die Sucht nach dem Verweilen in einer digitalen Blase entspricht der Sehn-Sucht nach einer homogenen Welt. Sie

---

[22] Heinz Kohut „Wie heilt die Psychoanalyse", Suhrkamp, Frankfurt/M., 1987, erste Auflage

ist verständlich, sehr verständlich, auch umso globalisierter die Realität sich darstellt und umso ohnmächtiger wir uns in ihr fühlen (und sind), desto mehr dürfen wir aufmerksam sein und lernen: Nach der Einheit kommt die Trennung und danach das erwachsene Miteinander. Heißt übersetzt: Apparat einschalten und ausschalten und der Sehn-Sucht unserer Kinder (oder unserer) widerstehen, dass alles einfach, kontrollierbar und gewinnbar sei. Das Überleben der Erde ist nicht zu gewinnen – es ist nur gemeinsam zu gestalten.

Zusammenfassen möchte ich für Sie:

1. Die „Geburtsstunde der Empathie" ist noch im Mutterleib. Wie es uns im Mutterleibergeht, gibt dem werdenden Menschen eine bestimmte Atmosphäre mit, die ihn umhüllt, auf seinen Weg ins postnatale Leben, nach der Geburt – eine bestimmte Frequenz, eine Schwingung, eine Melodie, die ihn sein Leben lang begleiten wird.
2. Es geht um das Ich im Bezug zur Welt. Die erste erlernbare Position ist abhängig
   von der Mutter, mit welchem Blick sie ihr Kind spiegeln kann, mit welcher seelischen Präsenz und Empathie. Auch wenn Babys die Augen ihrer Mutter noch nicht sehen können, so nehmen sie doch ihre Energie wahr.
3. Die Entstehung des Ichs und des Selbst wird noch vor dem 2. Lebensjahr durch die Auseinandersetzung mit Konflikten erlernt und muss erworben werden, bevor die flächendeckende Digitalisierung des Alltags *für Klein bis Groß* beginnt.
4. Strategien der lebendigen Kommunikation werden erlernt, allerdings nicht im virtuellen Raum. Es ist

unmöglich, lebendige Kommunikation digital zu ersetzen.

4. Die Entwicklung des Selbst

Ich möchte mich in diesem Kapitel der Entwicklungspsychologie zuwenden. Das postnatale Leben des Kindes, also dasjenige nach der Geburt, als auch das vorgeburtliche Leben, das pränatale, das wir mit Alessandra Piontelli beleuchtet haben, sowie die Neurodidaktik, die in diesem Buch ebenfalls zum Tragen kommt, sind Bestandteile der Entwicklungspsychologie des Menschen, nämlich unterschiedliche Ansätze zur Frage: Wie entwickelt sich der Mensch? Die tiefenpsychologische Tradition, der ich mich verbunden fühle, ist nur ein Stück Kuchen einer ganzen Torte: DenkerInnen, die dazu forschen, wie das Ich und das Selbst des Menschen entstehen. Was ist es überhaupt, dieses Ich, gibt es ein Selbst und wenn, wie fühlt sich dieses an, wie können wir es definieren? Und in welchen Entwicklungsstadien reift das menschliche Wesen zu einem seelischen? In welchen Schritten der Mensch sein Gehirn prä- und postnatal entwickelt, ist in anderen Kapiteln der Neurodidaktik das Thema und wird einfachheitshalber nicht vermischt.

Die PsychoanalytikerInnen, von denen ich gelernt und die Seele des Menschen versucht habe zu verstehen – wie Sigmund Freud, Heinz Kohut, Daniel N. Stern, wie Margarete Mitscherlich, Robert Kegan, C. G. Jung, André Green oder auch Jaques Lacan – sind allesamt DenkerInnen einer tiefenpsychologischen Entwicklungstheorie. Alle geben verschieden akzentuierte Auffassungen zum entwicklungspsychologischen Wachstum des Kleinkindes weiter und ich persönlich kann einigen Theorien benannter DenkerInnen eine Menge an tiefgründigen Reflektionen abgewinnen. Wenn es nicht (mehr) um Wahrheit geht, wie in meinem Fall – ich suche keine Wahrheit, sondern adäquate Darstellungsmodelle – sind einige DenkerInnen der *vertikalen Tiefe* interessant, nachvollzogen zu werden. Ging es im 20. Jahrhundert noch deutlich um das Erkennen der Wahrheit, weil um den Glauben an Objektivität und also auch um Kämpfe zwischen Ideologien und die Frage „Wer hat grundsätzlich Recht?", dann ist es mir heute mit Ihnen weit mehr darum gelegen, dank verschiedener diverser Denkanstöße nachzuvollziehen, wie sich unsere Kinder entwickeln, was ihnen gut tut und was wir als Erwachsene dazu beitragen können, um ihr Wachstum so ganzheitlich wie möglich, so vollständig wie uns möglich zu begleiten und zu unterstützen.

Tatsächlich war das 20. Jahrhundert der Geisteswissenschaften, in dem ich seit den 80er Jahren in Frankfurt/M. und Paris auch Philosophie und Psychoanalyse studierte, immer geprägt durch einen Kampf, einen Konkurrenzkampf zwischen diversen Denkern, deren Büchern und deren neuesten Theorien. So fühlte sich es auch beim Studium ganz konkret an: Wenn jemand wie ich eine Anhängerin der französischen postmodernen Philosophie und Psychoanalyse war, wusste sie schon im Voraus, dass sie mit den Anhängern der *Kritischen Theorie* in Frankfurt/M. Probleme bekommen würde. Diese Probleme, eigentlich lediglich Meinungsverschiedenheiten, konnten zum Ausschluss aus einem Kolloquium oder zur Verweigerung der Anerkennung durch renommierte ProfessorInnen führen. Die Zugehörigkeit zu Denkrichtungen war gekennzeichnet von Konkurrenz, von Wettkampf, von dem Glauben, einer könne die Wahrheit gefunden haben und natürlich derjenige selbst. Die meisten DenkerInnen und ProfessorInnen glaubten an die Möglichkeit, in der Geisteswissenschaft objektive Wahrheit erlangen zu können, dass es möglich sei, die Wirklichkeit objektiv, also *an sich* zu erkennen, wenn „man" nur genügend darüber nachdachte und vor allem tonnenschwer las. Heutzutage, im 21. Jahrhundert in Europa, in Berlin, habe ich die Freiheit, Ihnen verschiedene Ansätze der Entwicklungstheorien vorzustellen, ohne eine Rechtfertigung der Auswahl treffen zu müssen. Denn der Fokus meiner Wahl in diesem Buch ist: Was macht die Digitalisierung mit kleinen und großen Menschen? Kann sie uns und unseren Kindern seelisch schaden? Und welchen Einfluss kann diese Entwicklung auf diejenige unserer Gesellschaften haben? Um nachvollziehen zu können, wie psychologische Entwicklungsschritte, die zur physischen und seelischen Reifung notwendig sind, durch digitalen Missbrauch in zu jungem Alter konkret verhindert werden, schauen wir uns gemeinsam zunächst diese Stufen menschlichen Wachstums an:

Der US-amerikanische Psychologe und Professor an der *Harvard University,* Robert Kegan, hat mit seiner Theorie zu den verschiedenen Entwicklungsstufen des Selbst die seelischen Wachstumsprozesse des Menschen tabellarisch erforscht. Sie dienen zum Nachvollzug, wie sich das Neugeborene und Kleinkind in die Welt hinein entwickeln, wann es nach Unabhängigkeit und wann nach Zugehörigkeit strebt. Und so wie Heinz Kohut[23] hat er einen Selbstbegriff entwickelt. Ich möchte mit Ihnen die einzelnen Stufen der Entwicklung deskriptiv nachgehen, auf dass Sie eine Vorstellung gewinnen können:

Das Menschenkind kommt durch den Vorgang der Geburt auf die Welt. Wenn alles normal verläuft, zwängt und dreht es sich durch den Geburtskanal in die weite Welt hinaus, von dem geschützten Mutterleib, diesem eng umgrenzten Raum in das grenzenlose, hüllenlose Universum. Vom Element Wasser, das warm war, in das Element Luft, von einer gewissen physischen Dichte, indem das Kind badete, getragen und bewegt wurde, in ein Gasgemisch. Dies ist der erste *elementare* Wechsel, den das menschliche Wesen erlebt und an den es sich anpassen muss. Damit ist auch das Atmen verbunden: Nun muss es selber ein- und ausatmen.

[23] Siehe Buchverweis: „Die Heilung des Selbst"

Und das bedeutet Leben, Überleben, nämlich es selber zu tun. Während es neun Monate lang im Bauch der Mutter versorgt wurde, geht es mit der Geburt in den ersten Schritt des aktiven Daseins über, der seine Existenz sichern wird: aktiv um Essen zu schreien und aktiv für das physische Überleben zu sorgen, indem es atmet. (In der Psychoanalyse wird die Geburt als „Geburtstrauma" bezeichnet. Dem stimme ich nicht zu, denn wie kann etwas Trauma sein, das uns Menschen wesenhaft bestimmt?)[24]

Wie Robert Kegan treffend präzisiert, lebt das Neugeborene in einer „objektlosen Welt": „[...] in einer Welt, in der alles, was Empfindungen auslöst, dem Bereich des eigenen Körpers zugeschrieben wird, und wo alles, was nicht gesehen (gefühlt, geschmeckt, gehört oder gerochen) wird, auch keine Existenz besitzt."[25] Dieses Verständnis ist traditionell tiefenpsychologisch: Wenn der Mensch auf die Welt kommt, erkennt er noch kein Nicht-Selbst, kein Anderes, keine Differenz, sondern erst einmal nur seinen eigenen Raum, in dem alles andere wohnt. Die Psychoanalyse spricht an dieser Stelle auch von Einverleibung: Das Stadium der Einverleibung, weil das Kind eben alles „in sich einverleibt" wahrnimmt. Ich möchte beschreiben: Nach der körperlichen Symbiose, weil biologischen Einheit mit der Mutter empfindet das menschliche Wesen nun die energetisch-seelische Symbiose mit all seiner Umgebung! Es fühlt sich (noch) EINS mit dem Universum, also auch mit der

---

[24] Eine andere Darstellung der Geburt finden Sie in meinem letzten Buch: „Lebst Du schon oder wiederholst Du noch? Dank Tiefenpsychologie und Seelenreisen Dir selbst begegnen.", Berlin, édition Welten, 2016

[25] Robert Kegan, „Die Entwicklungsstufen des Selbst – Fortschritt und Krisen im menschlichen Leben", Peter Kindt Verlag, München, 1986, S. 113

Mutter, die es im Idealfall stillt oder mit dem Vater[26], dessen Stimme es spätestens seit der 24. Schwangerschaftswoche hören kann. Diese sogenannte „Stufe 0"[27] zeigt sich daran, dass das Neugeborene noch keinen Sinn für Tag und Nacht hat, für das Fremde, für Struktur, für Ordnung und Jahreszeiten. Im Moment existiert es. Es schreit, saugt, isst und schläft – und hat es gerne warm und geborgen, gerne in einem Tuch eingewickelt, auf dass der Raum des Mutterleibes nachempfunden wird: die Grenze, die es im vorgeburtlichen Leben schützend umgab.

Diese Zeit und die nächste Stufe 1 sind dadurch gekennzeichnet, dass das Neugeborene zum Kleinkind wird, sich motorisch entwickelt, sich befriedigt fühlt, wenn seine grundsätzlichen Bedürfnisse zufrieden gestellt werden. Darüber hinaus erkennt es Gesichter, kann die Gefühle derer, die es anblicken „lesen", beginnt es den Rhythmus von Tag und Nacht anzuerkennen. Diese Stufe 1, die auch als *impulsiv* bezeichnet wird, weil das Kind nun beginnt, seinen Impulsen zu folgen, ist immer noch durch starke Abhängigkeit gekennzeichnet: Es ist abhängig von den Stimmungen, Gefühlen, Aktionen seiner Umwelt, kann sie weder verändern noch manipulieren, denn es kann auf sie nicht direkt einwirken. Das Kind nimmt in dieser Stufe sich und die Umwelt, das heißt psychoanalytisch die „Objekte"[28], das Nicht-Selbst wahr, hat jedoch noch keine aktive Möglichkeit der Beeinflussung seiner Umwelt. Wenn Kegan formuliert: „Die Impulse *sind* das Selbst", drückt es bezeichnenderweise diese Unfähigkeit des bewussten Eingreifens auf seine Umwelt

---

[26] Dies muss nicht der leibliche Vater, sondern kann auch jeder/ jede StellvertreterIn sein, inklusive homosexuelle Partner. An dieser Stelle geht es nicht um die psychische oder soziale Rolle des Vaters, sondern um die Kontinuität der gehörten Stimme, die Sicherheit verleiht und wiedererkannt wird.

[27] entsprechend August Flammer, „Entwicklungstheorien"

[28] Im Sinne Heinz Kohut „die ersten Selbstobjekte"

aus. Er präzisiert: Dass alle Gefühle des Kindes in dieser Stufe „[...] Zeichen eines von inneren Konflikten zerrissenen Systems ist, bei dem es noch kein Selbst gibt, das einen gemeinsamen Rahmen für die widerstreitenden Impulse liefern könnte; die Impulse *sind* das Selbst, sie selbst bilden den Rahmen."[29]

Vielleicht ahnen Sie, dass die Frustration, dass Wut und Enttäuschung kommen werden und müssen: Denn Eins-Sein oder nicht mehr Eins-Sein – das folgende Erkennen, dass Vater und Mutter, dass erste und nähere Bezugspersonen nicht so reagieren, wie es als „absolut wohlwollend" empfunden und gewünscht wird – dieser Schritt ist unvermeidlich: die „Differenzierung zwischen Selbst und der Welt". Sie erkennen diese Zeit daran, dass Ihr Kind mit Verzweiflung und Trauer reagiert, wenn das *Paradies* zu brechen beginnt, wenn die Mutter oder der Vater, wenn KindergärtnerInnen und die Umwelt den Bedürfnissen des schreienden Kleinkindes widerstehen, wenn sie also nicht immer rennen, tun und machen, wenn sie nicht automatisch bedienen, erfüllen, erfreuen, sondern ein Nein, also Widerstand formulieren. Dann spürt das Kind ganz konkret: Es IST nicht EINS mit seinem Bedürfnis, weil die Umwelt und es nicht mehr EINS sind, sondern es HAT in diesem Moment Bedürfnisse, die NICHT erfüllt werden. Und wie so oft im Leben des Menschen ist es interessanterweise nicht das Funktionieren, das zum aktiven Lernen führt, sondern der empfundene Widerstand, der Bruch, das Nein. (Nur dann machen wir uns auf die Suche und Finden.) Wenn alles (noch) funktioniert, empfindet das Kind das Eins-Sein mit sich und den Anderen; es unterscheidet sie nicht als Fremde, nicht als getrennte Wesen und Dinge. In dem Moment jedoch, wenn der Widerstand erfolgt, indem es „den

---

[29] Kegan, ebda. S. 126

süßen Lutscher" nicht sofort bekommt, erkennt es, weil es schmerzhaft fühlt: Der Andere will mir nicht geben, wonach ich mich sehne.

So unvermeidlich wie diese Zeit des Bruches ist, die Anerkennung zwischen eigener und fremder Welt, so unvermeidlich ist der Schmerz und die Frustration: Wenn die französischen Psychoanalytiker B. Grunberger und J. Chasseguet-Smirgel, Sie erinnern sich an das 1. Kapitel, diesen Schritt als den Rauswurf aus dem *Paradies* beschreiben, da es bis dato in der Phase der empfundenen Symbiose hauptsächlich um das wohlwollende und vor allem um das automatische Erfüllen jedweden Bedürfnisses des Neugeborenen ging, so ist das Beenden dieses Zustandes unvermeidlich: Insbesondere die Mutter wird ent-täuschen müssen, wird das „Versprechen des alles ist EINS und alles ist immer da" nicht aufrecht erhalten können: Irgendwann muss sie abstillen und somit auch physisch die Trennung ins Leben des Kindes hereinlassen. Es ist eine biologische und seelische Notwendigkeit, weil Tatsache: Wir sind nicht EINS, sondern Zwei und vor allem Viele.

Die pränatale Zeit zeichnete sich, wenn alles gut ging, durch das „automatische Erfüllen" der Befriedigungen aus. Der Fötus erhielt seine Nahrung, ohne sie beanstanden zu müssen, so ist die erste nachgeburtliche Zeit dadurch gekennzeichnet, dass das Kind schreien muss, um zu überleben, um Nahrung zu bekommen; dennoch fühlt es sich mit der (stillenden) Mutter, mit den bekannten Stimmen seiner Umgebung noch EINS. Das Gefühl der Symbiose, die fehlende Unterscheidung zwischen dem Selbst und dem Fremden zeichneten diese Lebenszeit aus. Der unvermeidliche Bruch, die Tatsache der menschlichen Existenz auf der Erde, dass Selbst und Nicht-Selbst auseinanderbrechen in der Erkenntnis: „Es gibt den Anderen. Er IST anders. Er ist Nicht-Ich!" ist phänomenal und grundsätzlich prägend. Er wird exemplarisch bildhaft durch den Schmerz des Verlustes eingeprägt werden.

Es ist der Differenzierungsschmerz ALS Trennungsschmerz. Die Anerkennung der Welt als getrennt von mir IST die Anerkennung der Differenz, des stets Fremden und kann durchaus so schmerzvoll sein, dass diese Etappe versucht wird, mit allen Mitteln zu verhindern. Vielleicht erinnern Sie sich an die starken Emotionen Ihrer Kinder? An Wutausbrüche, an Geschrei und Verzweiflung, wenn es einen geliebten Gegenstand hergeben sollte, aber nicht wollte; wenn es Grenzen bekam, die es sich nicht wünschte, die aber notwendig waren? Es ist diese Lebenszeit, über die viele Eltern sagen: „Aber ich will doch, dass mein Kind glücklich ist!" Oder: „Ich will doch nicht, dass mein Kind traurig ist!" Und eigentlich und ganz konkret, haben zwei Partner an dieser Stelle zu lernen: das Kind und der Erwachsene des nahen Umfeldes. Die Eltern, ErzieherInnen und die BegleiterInnen dürfen akzeptieren (lernen), dass es Frustration und Wut geben darf, dass es nun massiv zu Konflikten kommen wird, dass das Kind sich wehrt und schreit, weil es große Schwierigkeiten hat, diesen ersten schmerzvollen Entwicklungsschritt zu akzeptieren und zu bewältigen: Diese erste große Enttäuschung in der Welt, dass das, was es geglaubt hat, nicht stimmt! Wenn ich mit ErzieherInnen arbeite, sind sie immer wieder befreit darüber zu hören, dass diese Wut, die Stress bedeutet, vollkommen normal und gar notwendig ist. Dieser erste große Erkenntnismoment, der vom Kleinkind sicherlich auch physisch nacherlebt wird, heißt: „Der Andere IST nicht Ich. Der Andere ist von mir getrennt. Ergo: Ich bin allein. Der Schutz ist nicht absolut. Die Wärme ist nicht allumfassend." Viele Eltern, die selbst Verletzte sind, haben es verständlicherweise sehr schwer, diese erste Trennung auszuhalten und zu halten, mit einem möglichen: „Es ist ok! Ich bin da! Wir sind getrennt, aber du bist nicht allein. Zwischen Dir und mir gibt es eine Ver-Bindung!"

Ich betone diese Phase, die noch vor dem 2. Lebensjahr in Gang kommt, weil wir im Themenbereich des „Missbrauchs der digitalen Medien" als den einer Sehnsucht nach Einheit und Kontrolle, nach der Anwesenheit in einer Blase, auf diese frühe Lebenszeit treffen und uns (unbewusst) erinnern. Konkret ist ein jeder mit der Frage konfrontiert: Wie ist diese Zeit des Übergangs, wie ist diese Brücke zwischen „Ich und der Welt" damals eigentlich gelungen? Und wie kann ich sie heute bei meinem Kind auf stabile Pfeiler setzen?

Nun, nachdem der Prozess der Bewusstwerdung beim Kleinkind, des Fühlens, vielleicht auch der körperlichen Wahrnehmung als Schmerz, dass der Andere der Andere ist, eingeleitet wurde, darf die „Integration der neuen Welten" gelingen.[30] Nicht nur Robert Kegan, auch Milton Erickson sprach in diesem Zusammenhang von der Überwindung der ersten Lebenskrise. Stellen Sie sich vor, die erste Lebenskrise erleben Sie nicht mit 20 Jahren, sondern mit 20 Monaten als Kleinkind! Tatsache ist, dass das Thema „Ich und die Welt", oder wie die Psychoanalytiker formulieren das Thema vom „Subjekt zum Objekt", und wie dieser Schritt einst gelang, uns Menschen Zeit unseres Lebens prägen wird. Es ist die Tiefenpsychologie, die uns interpretativ in das Reich seelischer Existenz führt (und weshalb ich sie so liebe). Was in dieser Stufe der „Integration" als ein nächster Schritt so wichtig wird, ist ein wohlwollendes Umfeld, ist nach Robert Kegan eine liebende sorgende Umgebung. Gefühle wie „Gehaltenwerden", wie Akzeptanz, wie Liebe, wie Schutz und Angenommensein kommen in dieser Stufe zum Tragen. Wenn alles gut geht, beginnt nach dem Schmerz

[30] August Flammer: „Entwicklungstheorien", S.246

ein nächster Schritt der Reifung: Der junge Mensch erkennt die Welt angstfrei. Er erkennt das Eigene und das Fremde in der Differenz an und akzeptiert diese Globalität als Möglichkeit, nämlich auch als Möglichkeit zum Wachstum für sich selbst. Kegan formuliert: „Ich bin nicht mehr meine Reflexe, sondern ich habe sie; ich bin jetzt etwas anderes. [...] Das ist die neue Form der Subjektivität. Zum allerersten Mal wird damit eine Welt geschaffen, die von mir verschieden ist, zum ersten Mal findet hier eine qualitative Umstrukturierung statt, die am Anfang einer geschichtlichen Entwicklung steht, in deren Verlauf ich der Welt immer mehr eigenständige Integrität zubillige; zum ersten Mal kann ich zur Welt in Beziehung treten, anstatt in sie eingebunden zu sein."[31] Ich habe dazu gelernt, ich bin weiter. Mein Raum ist größer. Der Andere ist als stets Fremder sichtbar.

Gelungen ist dieser Schritt dann, wenn aus Wut die Freude am Lernen und an einem „sich ausdehnen in die Welt" wird. In dem Moment, in dem das Kind erkennt, dass es nicht IST, sondern HAT, versteht es den Weg der Handhabe: Ich kann etwas machen, manipulieren, dominieren, also interaktiv gestalten. Wir nennen es tiefenpsychologisch die Möglichkeit zur Manipulation: um Gegenstände können wir kämpfen, auch mit dem Geschwisterchen, mit der Mutter, mit dem Vater; unseren Willen können wir zeigen und darum streiten; wir können Ja und Nein sagen. Eine wunderbare Phase für alle Eltern – der Anstrengung. Für mich war es die Zeit, in der ich um 21Uhr ins Bett marschierte und fünf Minuten später schnarchend in den erholsamen Schlaf fiel, vollkommen geschlaucht von Kämpfen, vom Grenzen setzen, vom energetischen Aufwand des Durchsetzens meiner Ansagen. So fasst August Flammer treffend zusammen: „[...] das impulsive Selbst hat entdeckt, *daß* es ist,

---

[31] Kegan, ebda., S. 114/115

das souveräne Selbst wird entdecken, *wie* es ist. Die Eltern, die Geschwister und auch die außerfamiliären Spielkameraden haben da eine wichtige ‚Aufgabe': Standpunkte einnehmen, Grenzen setzen und dennoch die Dynamik der Trennung und des Wiederanschlusses einfühlend zu begleiten."[32] Als Tiefenpsychologin unterschreibe ich diese wunderbare Beschreibung sofort. Als Mutter handle ich jedoch im Affekt, d.h. spontan. Ich habe nicht die Zeit, mir diese Phase bei jeder Grenzsetzung bewusst zu machen. Ich muss agieren und reagieren und zusehen, dass ich im Reagieren dem Agieren nicht hinterherrenne und nur noch erfülle bzw. stolpere. Denn so wichtig es ist, das Kind einfühlsam zu begleiten, so immens wichtig ist es auch, bei den Grenzen, die wir setzen, zu bleiben. Dies ist besonders schwer, wenn ich müde bin; wenn die Kämpfe ums Zähneputzen, die sich übrigens in der Zeit der Pubertät wiederholen als wäre der reifende Mensch fünf Jahre alt, gefühlt meine letzte Kraft rauben, die mir vor dem *Schnarchzustand* noch aufzubringen möglich war. Aber gleich, wie müde ich bin: Zähne müssen regelmäßig geputzt werden, auch und erst recht, wenn es darum Kämpfe gibt, als stünde Napoleon an der *Front vor Waterloo*. Weshalb? Das *souveräne Selbst*, in das sich das Kind entwickelt, weiß nicht nur, wie es ist, es weiß vor allem, wie es geht: Wenn es bei mir mehrere Male landen konnte, indem die Quantität und Qualität des Geschreis zum Ziel geführt haben, nämlich ohne Zähneputzen ins Bett zu kommen, speichert meine Tochter diese Erfahrung mit einem einzigen Satz ab: „Schreien lohnt sich, und umso mehr, desto erfolgreicher!" Ich kann nur sagen, als Mutter und als Tiefenpsychologin: „Tun Sie sich das nicht an! Tun Sie es Ihrem Kind nicht an!" Der werdende Mensch reift nämlich nicht daran, indem er „im Kampf gewinnt" und

---

[32] Flammer, Entwicklungstheorien, S. 248

seine nahen Bezugspersonen „schachmatt“ setzt; der werdende Mensch reift durch die Anerkennung zweier Welten, seiner eigenen und ihrer, und dies durch Abgrenzungsnotwendigkeit. Kegan formuliert: „Eine haltende Umgebung muß halten – nicht im Sinne von zurückhalten oder fesseln, sondern indem sie die Aktivitäten der Person, wie sie jetzt existiert, unterstützt (sogar ‚trägt‘, wie das Fruchtwasser den Embryo trägt). Halten ohne zu fesseln ist vielleicht das wichtigste Element der Fürsorge.“[33] Als Tiefenpsychologin finde ich es sehr schön beschrieben und als Mutter habe ich diesen Satz im Ohr und im Herzen, wenn ich versuche, meinem Kind die Stabilität der Anerkennung und Trennung zu geben, die es braucht. Sowohl Liebe als auch die schmerzvolle Ebnung des Weges, dass ICH nicht ES bin, muss begleitet und ein-gehalten werden. (Dass mir dies nicht immer gelingt, ist menschimmanent: Wir sind als solche stets begrenzt und der Mangel an Perfektion ist unsere Definition.)

Wenn das *souveräne Selbst* des Kindes sich erkennt im „Wie bin ich?“, beginnt die Phase der Schulzeit. Und auch dazu beschreibt Kegan so treffend den Weg: „Am Ende dieses Prozesses finden wir ein neues Selbst, das nicht mehr seine Bedürfnisse ist, sondern Bedürfnisse hat – das heißt, es kann seine Bedürfnisse nun zum Objekt seiner Aufmerksamkeit machen.“[34] Voilà: Das ist es, was wir zu spüren, zu diskutieren und zu beantworten bekommen. Dieser werdende Mensch nimmt seine Rolle ein; er entwickelt ein Bewusstsein dafür, wer er sein möchte, was er mit sich und seiner Umwelt anstellen kann und wie er sich das Leben in Kooperation mit anderen vorstellt. Diese Phase der Selbstentwicklung ist erneut – wie jede andere – von großer Bedeutung. Es ist die Phase, in der der Mensch entweder eine

---

[33] Kegan, ebda., S. 264

[34] Kegan, ebda., S. 226/ 227

Ebenbürtigkeit, ein Zuviel oder ein Zuwenig von sich selbst erinnern und somit ausleben wird. Wir, die Menschen seiner Umwelt sind gefragt: Lassen wir den werdenden Menschen im Gegenüber stehen, im Halten und Getragen-Sein, im Grenzensetzen und in Sicherheit oder erhöhen oder erniedrigen wir ihn? Die meisten Menschen, auch die Erwachsenen, haben auch mit dieser Phase ein Thema, ein Problem, weil sie ehemals als Kinder ihrer eigenen Eltern ebenfalls Verunsicherung erfahren haben. Es ist sehr schwer, in aller Auseinandersetzung „ebenbürtig" zu bleiben. Einfacher ist es, entweder „generell zu verbieten", d.h. das Kind in ein Gefühl der Ohnmacht zu versetzen oder „eher alles zu erlauben", d.h. ihm das Gefühl einer (instabilen) Omnipotenz zu hinterlassen. Vielleicht glauben Sie es nicht: Aber Konflikte auszutragen, das ist sehr wesenhaft wichtig. Konflikte zu halten ist sehr wichtig und schwierig – immer mit dem Ziel: „Am Abend, bevor ich den Tag beende, schlafen wir in Frieden und Harmonie ein." Und allein dies ist für uns, für die meisten Eltern eine wahre Herausforderung. In jedweder Kommunikation ist die erste Frage, abgeleitet von der Zeit unseres „Auf die Welt Kommens": Wie fühle und verhalte ich mich im Bezug zur Welt? Die Beantwortung der Frage entspricht der ersten Begegnung und der postnatalen Zeit: Wurde der junge Mensch gesehen? Wie wurde er angenommen? Wie war dieser Blick der Mutter (und ersten Bezugsobjekte) auf den Neuankömmling? Die ersten Lebensjahre und auch die Zeit des Schulbeginns werden von diesem Grundgefühl getragen sein, wie sich das Kind im Bezug zur Welt positioniert.

Die Transaktionsanalyse[35] hat unseren Gegenstand der „Begegnung mit der Welt" in drei möglich einzunehmenden Positionen so treffend zusammengefasst:

1. Ich bin ok. Du bist nicht ok. (Das eigene Selbst ist erhöht und der Andere wird erniedrigt.)
2. Ich bin nicht ok. Du bist ok. (Das eigene Selbst fühlt sich als Opfer und erhöht den Anderen. Der Andere wird als der Rechthabende stilisiert.)
3. Ich bin ok. Du bist ok. (Das Ziel der Entwicklung, nämlich Ebenbürtigkeit und Akzeptanz von sich selbst und dem Anderen.)

Ich lade Sie ein, für einen Moment Ihre Augen zu schließen und sich vorzustellen, welche der drei genannten Haltungen Sie wohl (unbewusst) vorzugsweise einnehmen? Jeder von uns neigt eher zur einen oder zur anderen Position, die uns auch darauf schließen lässt, wie es uns in frühen Jahren unseres ersten Erlebens ergangen ist. Gehören Sie heutzutage eher zu den Menschen, die die Anderen als ungenügend, als blöd, als „nicht auf der Höhe" empfinden und neigen Sie demnach dazu, sie abzuwerten? Sie haben das Gefühl, dass Sie nie verstanden werden und aus „der Welt herausfallen", weil Sie außergewöhnlich sind? Oder sind Sie eher derjenige, der die Gesellschaft und die Anderen stets als wichtiger, als bedeutender empfindet, als den Maßstab, wie Sie gerne sein möchten oder zu sein haben? In diesem Fall neigen Sie dazu, sich stets zu vergleichen und bei den Vergleichen gewöhnlicherweise schlecht abzuschneiden? Dank dieser kurzen Sequenz Ihrer Wahrnehmungsschulung erfahren

---

[35] Die Transaktionsanalyse ist eine recht anschauliche, psychologische Theorie menschlicher Entwicklung und wird seit Mitte der 70er Jahre stets weiterentwickelt.

Sie auch, dass weder die eine noch die andere Position „Wahrheit", sondern lediglich Erleben und „seelische Grundprägung" ist. Das mag zunächst ein wenig (oder stark) ernüchternd sein, letztendlich jedoch ist es befreiend zu verstehen, wie begrenzt wir als menschliche Wesen durch diese Welt wandern, sputen, rennen oder schlendern ... und zwar gleich unserer Anstrengung: begrenzt, weil vorgeprägt sind wir allemal. (Die Stufen des Niveaus unserer Lernprozesse ändern sich jedoch und sind wahrhaft wichtig, ausgelotet zu werden: Wie weit kann ich mich als Mensch ganzheitlich entwickeln?) Die Ebenbürtigkeit im Blick, die Akzeptanz von sich selbst sowie des Anderen auf Augenhöhe, ist das Ziel der menschlichen Kommunikation. Dann nämlich brauchen wir uns nicht mehr zu vergleichen; wir akzeptieren uns und den Anderen in seiner jeweiligen Haltung. Konflikte gehen dann nicht ums *be-kriegen*, sondern ums *er-lösen* von Streitthemen.

Oft können wir den Zugang zum Vorgestern, zur Vergangenheit über das Nachspüren des Heute gewinnen. Wir erinnern uns daran, wie es gewesen sein muss, als wir das erste Gefühl der Trennung erlebten, dank der Beziehungsthemen, die wir heute in „nahen" Beziehungen und Liebesbeziehungen zu bearbeiten haben. Das Feld der Nähe verweist uns stets auf die Beschaffenheit unserer ersten Kommunikation in der Welt, unserer ersten „Subjekt-Objekt-Erfahrung". Damals waren wir weder in der Lage, unsere Gefühle zu erkennen und sie in Bezug zu Anderen zu setzen noch sie zu reflektieren. Kegan fasst zusammen: „Die Grenzen dieses Selbst aber liegen in seiner Unfähigkeit, über die nun gemeinschaftliche Realität zu reflektieren. Das kann nicht gelingen, weil das Selbst diese gemeinschaftliche Realität *ist.* [36] Er präzisiert: „Das Selbst wird nicht mit anderen

[36] Kegan, ebda., S. 135

geteilt, vielmehr brauchen wir den anderen, damit dieses Selbst überhaupt existieren kann."[37]

Wir sind jetzt in der Zeit des jungen Erwachsenen angekommen, der vor der Berufswahl oder vor dem Studium steht. Der Andere ist nun der Spiegel. An dem Anderen messen wir uns. Der Andere ist Grenze. Der Mensch agiert und möchte, ja fordert ein, durch die Re-Aktion des Anderen sich selbst zu sehen, auf sein Selbst verwiesen zu werden. Daher ist es so unglaublich wichtig, dass wir als Eltern verstehen, dass wir auch in dieser Stufe Grenzen setzen dürfen, Maßstab sein dürfen und unsere Rolle des Haltens, aber auch des Streitens und des Konflikte-Austragens einnehmen. Auch der junge Mensch lernt hauptsächlich an unserem, in der Nähe gelebten Gegenüber, das viele Positionen einnehmen kann, immer in der Sicht, was wir als „richtig und gut", als soziales Gefüge für das Kind erachten. WIR vermitteln hier Rollenbilder, Gesellschaft, Tradition, Religion, Ethik und Moral. Wichtig dabei ist nun die Offenheit, den Anderen zu sehen, ihn (gehen) zu lassen und das Gefühl zu spüren, dass er „so wie er ist, in dem, was er wählt, geliebt wird."

Die folgenden Stufen menschlicher seelischer Entwicklung betreffen den Jugendlichen. Robert Kegan macht die durchaus sinnige Unterscheidung zwischen SEIN und HABEN, wobei es in der psychischen Entwicklung des Kindes wichtig ist, vom Sein zum Haben zu gelangen (und somit nicht in Erich Fromms gesellschaftskritischen Sinne des Buches „Haben oder Sein" zu deuten ist, bei dem der Idealzustand das Sein und eben nicht das Haben ist). Bevor der Mensch nämlich wählen kann zwischen Haben oder Sein, und im Idealzustand weniger besitzen möchte und mehr los-lassen kann, ist es wichtig, dass er vom Zustand der

---

[37] ebda., S. 136

Einverleibung und Verschmelzung sowie des „mittendrin Seins" in die Differenz, in die Akzeptanz des fremden Gegenübers gelangt. So beschreibt Kegans „institutionelles Selbst", den Zustand, indem der Mensch seine Umwelt anerkennt, seine eigenen Gefühle wahrnimmt und beginnt, sie selbst zu regulieren. Unwohlgefühle müssen integriert oder dominiert werden. Da diese Etappe der Selbstentwicklung davon geprägt ist, das Andere als „zugehörig zu sich selbst" zu begreifen, ist Domination und Manipulation auch eine sichtbare Ausprägung. Auch in dieser Entwicklungsstufe, in der der Mensch seines Selbst bewusst wird und sich nun als ein Teil der Gesellschaft begreift, geht die menschliche Entwicklung in jedem neuen zu erreichenden Niveau idealerweise von der „Einverleibung" in die Akzeptanz der Differenz, in das „Haben" über, was bedeutet, dass sich der Mensch dann mit den Subjekten und Dingen nicht mehr identifiziert, sie nicht mehr IST, sondern sie wählen und sich zu ihnen positionieren kann.

In dieser Stufe hat der Jugendliche seelisch und physisch begriffen, dass er kein Kind mehr ist, dass die Loslösung von der Mutter und vom Elternhaus unwiderruflich ist, dass er letztendlich allein ist. Die Bedeutung der Freunde und der *Peergroups* sind deutlich geworden – die Trennung von der Mutter und von den Eltern hin zu den *Wahlverwandtschaften* hat nun den Platz eingenommen, weil der Mensch jetzt versteht, dass er ein soziales Mitglied der Kultur und Gesellschaft ist. Der sich in die Außenwelt hinein entwickelnde Mensch ist jedoch noch nicht in der Lage, alles zu überblicken, die Komplexität seiner Rolle und der Folgen. Entweder er wird zur Anpassung neigen, um Freunde nicht zu verlieren oder er neigt zur Manipulation und Domination seiner Umwelt, ebenfalls mit dem Ziel, nicht alleine dazustehen. Diese Zeit erinnert den Menschen auf die ersten Entwicklungsschritte in seinem Leben, nämlich welche Art der sozialen Interaktion und Kommunikation er bevorzugt einging. Wir wissen auch, dass der junge Erwachsene in dieser Entwicklungsphase die Außenwelt noch „von sich abhängig" erlebt, so wie ein verlängerter Arm vielleicht, wie der Teil seines eigenen Körpers und Systems. Es ist auch in diesem Entwicklungsschritt wieder die Stufe des SEINS. (Erinnern Sie sich, dass ich in den Fällen des abusiven Gebrauchs digitaler Medien das Gefühl habe, als würde der Apparat als ein Teil des eigenen Körpers erlebt? Als würde der zeitweise Verlust des Gebrauchs, durch Grenzsetzung oder Verbot, zu einem Gefühl des Sterbens oder zum Gefühl der Amputation führen?)

Im Gegensatz hierzu schauen wir uns die folgende Stufe an, in der der Mensch vom Gefühl des „ICH BIN" in das Feld „ICH HABE" vordringt: „Wenn man nicht mehr die eigene Institution ist, ist man auch nicht mehr die damit verbundenen Verpflichtungen, Leistungen, Berufsrollen und Berufslaufbahnen. Jetzt hat man eine Laufbahn, anstatt die Laufbahn zu sein."[38] Im Idealfall sind wir in dieser Entwicklungsstufe nun frei, unabhängig und souverän, ein autonomes Mitglied der Gesellschaft, das Andere weder erniedrigen muss, um sich selbst zu erhöhen, noch missbrauchen muss, um mächtiger zu erscheinen als es ist. Wir sind eben er-wachsen; herausgewachsen aus den Kinderschuhen der folgerichtigen Stufen seelischen Wachstums in eine gewisse Autorität über und mit uns selbst: Wir sind ermächtigt, wir selbst zu sein. Mit der Transaktionsanalyse zu sprechen, wären wir dann im Stadium des „Ich bin ok. Du bist ok." angekommen. Mein gewählter Konjunktiv drückt bereits aus, was Realität von uns meisten Menschen ist, wenn wir uns den eigenen seelischen Entwicklungsstufen und dem Willen, uns zu entwickeln weniger bewusst zuwenden: Wir

[38] Kegan, ebda., S. 147

sind Teil der ersten oder der zweiten Affirmation der Transaktionsanalyse; wir halten uns für besser oder für schlechter als andere.

Und auch ohne den Missbrauch digitaler Medien überhaupt zu erwähnen, so stellt dieses hier knapp zusammengefasste Entwicklungsmodell einen Idealfall dar. Es ist eben ein Modell, das im Leben durch Bewegungen, durch individuelle Biografie und durch stattfindende Verletzungen immer Brüche erfahren wird. Robert Kegan wird dieser komplexen Struktur in seinem Buch „Die Entwicklungsstufen des Selbst"[39] auch dank der vielen Fallbeispiele voll und ganz gerecht. Die Lektüre ist für jeden eine wunderbare Möglichkeit, den Menschen in seinem lebenslangen Reifungsprozess zu verstehen.

Nachdem ich Ihnen eine bestimmte Idee des seelischen Wachstums an dieser Stelle mitgeben mochte, ist auch anzuerkennen, dass weder wir Eltern ideal sind, noch unsere eigenen Eltern ideal waren noch unsere Gesellschaft, in der wir leben, annähernd ideal ist. Gesellschaftskritisch können wir gar unterstreichen, dass die meisten Menschen, die in Wirtschaft und Politik Macht ausüben, solche sind, die zur Domination und zur Manipulation neigen; die Andere scheinbar als „einen einverleibten Teil von sich" begreifen, mit dem sie machen können, was ihnen beliebt. Dies entspricht in jeder gemachten Entwicklungsstufe dem Mangel an Ausreifung, dann, wenn der Andere noch als „einverleibt" wahrgenommen wird. Über Kegans Theorie heißt es: „Entwicklung besteht nach Kegan in schrittweiser Differenzierung des Selbst von seiner Welt und neuer Integration. Mit jedem Schritt gewinnt das Individuum neue Distanz, Überblick und Kontrolle. Kegan formuliert das mit dem Wortspiel

---

[39] Robert Kegan: „Die Entwicklungsstufen des Selbst – Fortschritte und Krisen im menschlichen Leben", Peter Kindt Verlag, München, 1986

'ist-hat'."[40] In beiden Bereichen gesellschaftlichen Lebens, in der Politik sowie in der Wirtschaft, werden diese Strukturen der „Manipulation der Außenwelt" sogar gefördert. „Man" begreift das Andere in gewisser Weise als sein Eigentum und nicht als Fremdes, als Nicht-Ich, das es zu verstehen und vor allem in seiner Differenz zu respektieren gilt. Alles Leben, alle Lebewesen repräsentieren das Andere und sind als Gegenüber, losgelöst von unseren eigenen Bedürfnissen und Wünschen (der Dominanz) zu respektieren. Für mich betrifft diese Sicht die Ökonomie, die Ökologie und die Politik, in der es mehr und mehr um „Einverleibung" statt um „Achtung in der Differenz" zu gehen scheint. Neulich traf ich auf den PR-Berater einer großen, international aufgestellten Firma, der mir erklärte: „Das Ziel unserer Unternehmens-Kampagnen ist es, die Mitarbeiter so zu trainieren, dass sie Scheiße als Gold verkaufen können!" Was für eine Weltanschauung! Ohne Scham, ohne Bewusstsein einer globalen Verantwortung für Menschlichkeit, ohne das geringste Anzeichen von Mitgefühl diesen Satz mit Ego gefüllter Brust zu skandieren:

Wenn die Steigerung des Konsumindexes, völlig entleert vom Sinn, ob ein jedweder überhaupt noch etwas braucht, die Basis ökonomischen Fortschritts ist, müssen wir uns nicht wundern, wenn diejenigen, die in der Lage sind, andere Menschen als Teil ihres eigenen übersteigerten (omnipotenten) Universums anzusehen, im kapitalistischen System zu den Gewinnern gehören: Expansion, also Wachstum, Macht, Ego und Geld – komme, was „draußen" außerhalb des eigenen Universum auch immer wolle – sind die Zielstrebungen. Mit Kegan gesprochen ist diese unsere Welt der Mächtigen nie auf der Stufe der Akzeptanz des

[40] August Flammer: „Entwicklungstheorien. Psychologische Theorien der menschlichen Entwicklung", Verlag Hans Huber, Bern, 1996, 2., vollständig überarbeitete Auflage

Gegenübers angekommen.

Das Entwicklungsmodell von Robert Kegan gibt uns eine konkrete Vorstellung darüber, wie sich seelische Reifung in Etappen bisher vollzieht. Als Zusammenfassung unseres Themenbereichs möchte ich zum Ende dieses Kapitels noch auf zwei Tatsachen verweisen:

1. Wenn die Digitalisierung unserer Kinder weiterhin mit zwei Jahren beginnt und daraufhin der Smartphone-Gebrauch quasi noch vor dem Schulalter auftreten sollte, werden sich die bisher analysierten Stufen psychischer menschlicher Entwicklung verändern und zwar in Richtung: Ausbau des Egos; Schein anstatt Sein; Machtausbau anstatt Teil-Sein. Entfremdung vom Anderen und Umgang mit der Welt als wegklickbare Größe, Nabelschau und Empathielosigkeit folgen.

2. In der Entwicklung des Menschen kommt die Stufe des SEINS stets vor dem HABEN. Stellen Sie sich Lebenssituationen vor, wie Trennungen, wie der Neuanfang einer Beziehung, wie das Einlassen auf einen neuen Arbeitsplatz: Zu Beginn sind wir „Feuer und Flamme", wir sind total eingenommen, wir können die Komplexität der Situation noch nicht überblicken. Wir fühlen uns EINS (Stufe des Seins). Später erst, mit etwas Abstand, trennen sich die Energiefelder, bzw. entsteht die Trennung zwischen Ich und dem Anderen. Dann erst situieren wir uns zu etwas/ zum anderen, dann erst erkennen wir Vor- und Nachteile und treten in Beziehung: Dann sind wir im Gegenüber und aus dem Feld des Eins-Seins heraus (Stufe des Habens). Manche Menschen haben eine große Sehnsucht nach diesem ersten Zustand, nach der „Blase". Manche wollen gar ihr Leben dort verbringen ... Es ist

die Sehnsucht nach Einheit, nach einem homogenen Reich, nach Kontrolle und Omnipotenz, nach Klarheit und Eins-Sein, dieses Grundbedürfnis des Menschen, das ich mit Ihnen prä- und postnatal angeschaut habe. Es heißt über Robert Kegans Theorie auch so treffend: „Man kann nur umgehen mit dem, was man hat, nicht mit dem, was man ist."[41]

Wenn wir Menschen dazu neigen, gleich ob groß oder klein, ob alt oder jung, ob Erwachsener oder Kind, die digitalen Medien nicht mehr ausschalten zu können, um allseits *online* (oder auch im Spiel am Bildschirm) zu sein, dann neigen wir zur grundsätzlichen Sehnsucht nach allseits Eins-Sein, nach einem einverleibten Zustand, der zur Sucht werden kann: „Komm rein in meine Blase. Du existierst nur hier. Ich mach mit meiner Welt, wie sie mir gefällt und wer mich stört, wird rausgeklickt!"

Ich fasse diese hier dargestellten Überlegungen zusammen:

1. Die digitale Welt erzeugt eine Blase, in der es ein Innen und ein Außen gibt. Diese Trennung bezeichnet psychologisch auch zwei seelische Reiche:
2. Das Innen wird als homogen empfunden, wo wir die Kontrolle haben, wo das Fremde als Eigenes gefühlt und behandelt wird, wo es einen sicheren Raum gibt.
3. Das Außen bedeutet die Welt. Sie ist fremd, wir haben keine Kontrolle; sie macht auch Angst, sie ist weit anstatt begrenzt und entzieht sich unserer Macht.
4. In der Reifungsstufe der „Einverleibung" entspricht das Innen dem omnipotenten Universum. In der Stufe des Habens wird die immer fremde Welt des Nicht-Ichs als ein Gegenüber respektiert.

[41] ebda., S. 250

5. Der Rückzug auf digitale Medien sowie der Missbrauch repräsentieren die Sehn-Sucht nach Kontrollierbarkeit der Welt dar. Der Missbrauch deutet uns an, dass die Stufe des Habens nach Kegan noch nicht erreicht wurde.

5. Wie sich das Gehirn pränatal, in der vorgeburtlichen Zeit entwickelt oder alles ist stets in Bewegung

In dem Kapitel über die Entwicklung des Selbst habe ich dank Alessandra Piontelli in die pränatale, vorgeburtliche Zeit seitens der seelischen Entwicklung eingeführt. Vollständigkeitshalber möchte ich Ihnen auch einen zusammenfassenden Einblick über die biologische Entwicklung geben. Der Mensch ist im Moment seiner Entstehung physisch und „energetisch" von sich aus in einem Prozess der Veränderung, der bis zum Tode nicht endet. Jedoch wirken äußere Einflüsse und das eigene Verhalten – wie stark repetitive Handlungen, wie die Einseitigkeit der Ausprägung bestimmter Fähigkeiten und die Vernachlässigung anderer – aktiv auf die Reifung des Gehirns ein. Dieser wechselseitige Prozess zwischen Innen und Außen beginnt bereits im Mutterleib. Aktion und Reaktion, d.h. reziproke Bewegungen sind Teil des menschlichen Daseins und definieren es. Dasjenige, das wir umsetzen und aussenden, hat Auswirkungen auf dasjenige, was wir finden und leben werden. Diese Gesetzmäßigkeit nennen wir im spirituellen Bereich „das kosmische Gesetz der Resonanz"; im Biologischen ist es die wechselseitige Informationsverarbeitung. Diese Tatsache, dass das Gesetz der Aktion und Reaktion auf allen Ebenen des Seins wirkt, ist grundsätzlich. Sie hilft uns bezüglich unseres Themenbereichs zu verstehen, dass ein „zu viel an Bildschirmerstarrung" Auswirkungen auf unser ganzheitliches Dasein hat, was bestimmte Abläufe verstärken und andere Fähigkeiten verkümmern lassen wird.

Das ungeborene Kind reagiert auf Reize, nimmt sie auf und verarbeitet sie: Es lernt tasten, riechen, schmecken und hören. Da es nicht viel zu sehen gibt, hat die Ausbildung der Fähigkeit des Sehens keine Priorität: Sehen wird noch nicht gebraucht. Das Hören bildet sich etwa ab der 20. Schwangerschaftswoche aus und ab der 28. Schwangerschaftswoche kann das Embryo differenziert auf bekannte und unbekannte akustische Reize reagieren. Interessant ist, dass es sich alsbald auch Töne merken kann. Das Kind liegt zusammengefaltet im Mutterleib und verarbeitet dabei Tastempfindungen, wenn es ins Wasser oder auf die begrenzende Hülle des Mutterleibes greift. Außerdem steht wissenschaftlich fest, dass das Kind ab dem 7. Monat seines intrautinären Daseins eine chemosensorische Informationsverarbeitung leistet: Das Ungeborene ist in der Lage zu schmecken und hat dabei durchaus seine Vorlieben. Diese Informationsverarbeitung ist bereits an Lernschritte gekoppelt: So hat man werdenden Müttern Anis zum Verzehr verabreicht (Schmecken). Im Anschluss wurden die Reaktionen des Neugeborenen auf den Geruch von Anis untersucht und festgestellt, dass es positivere Reaktionen gab, wenn die Substanz bereits im Mutterleib gerochen wurde. [42] Das Neugeborene erkannte die Substanz wieder und verband damit Gefühle des Wohlseins. Das Gefühl des Wiedererkennens stimuliert darüber hinaus das Gefühl von Geborgenheit. Es strömt ein vertrautes Umhüllen von diesem Zustand aus, auf etwas Bekanntes zurückgreifen zu können. Auch dieser Mechanismus begleitet das Lebewesen bis zum Tode. So ergab ein anderes Experiment mit Tieren, nämlich Ratten, dass der Duftstoff, den die mütterliche Brustwarze absondert und den das Neugeborene nach der Geburt instinktiv erkennt, derselbe Duftstoff ist, den das Embryo im Fruchtwasser, also im vorgeburtlichen Dasein gerochen hat. Daher steuern die neugeborenen Ratten zielstrebig die Brustwarze an, weil sie diese wieder „erkennen".

Der deutsche Neurobiologe Gerald Hüther schreibt in

---

[42] Manfred Spitzer: „Lernen – Gehirnforschung und die Schule des Lebens", S. 204

seinem Buch über die „Biologie der Angst“ über die Suche nach Glück: „Das scheinbar instinktive Nippelsuchverhalten neugeborener Ratten (und vermutlich auch anderer Säugetiere) ist somit Ausdruck der intrauterin bzw. perinatal stattgefundenen Bahnung von assoziativen Verschaltungen zwischen bestimmten Geruchsempfindungen und anderen, die intrauterine Geborgenheit signalisierenden Wahrnehmungen.“[43] In seinem Buch „Biologie der Angst“ erforscht Hüther den Zusammenhang zwischen der Angst und der menschlichen Suche nach Geborgenheit, die Hüther – wie auch viele Psychoanalytiker – in das vorgeburtliche pränatale Leben verorten. Hüther geht davon aus, dass jeder Mensch das Gefühl der Geborgenheit aus dieser ersten vorgeburtlichen Phase des Daseins kennt und sein Leben lang sucht. Wie wir wissen, ist Hüther mit dieser Mutmaßung alles andere als allein: In der Literatur, Philosophie und Psychoanalyse wird diese Anbindung von prä- und postnatal, von der menschlichen Suche nach einem harmonischen Zustand an die Zeit der Existenz im Mutterleib geknüpft, an das Unbewusste, das sucht und zu finden sucht ... Meine These, dass ein missbräuchliches Verhalten im Umgang mit digitalen Medien (bei Groß und Klein) uns ein Hinweis dafür liefern kann, dass die Betroffenen sich stark nach Homogenität, nach Frieden, nach Harmonie und Kontrollgewinn, nach einer „abgerundeten Allmacht“, die wir einst erlebten, als wir im intrautinären[44] Universum „die alleinigen Herrscher waren“ sehnen, unterstreicht diese Annahme. Biologisch und seelisch scheint sich der Mensch intuitiv (statt instinktiv wie das Tier) nach der pränatalen Zeit und deren Geborgenheit zurück zu sehnen. Die allumfassende

---

[43] Gerald Hüther, „Biologie der Angst – Wie aus Streß Gefühle werden“, S. 89

[44] Der Begriff für Innenraum bezeichnet dasselbe: „intrauterin“ kommt aus dem Englischen und „intrautinär“ aus dem Deutschen.

Digitalisierung per Smartphone spricht in diesem Focus ein Grundbedürfnis an, das die Wirtschaft folgenschwer bedient.

Gehen wir mit Gerald Hüther ein Stück weiter in der Vorstellung des wechselseitigen Lernens: Um die genetisch angelegten Möglichkeiten voll nutzen zu können, braucht das Gehirn im Reifungsprozess im Mutterleib die optimalen Entwicklungsbedingungen. Es darf nicht zu störenden Veränderungen mit den für das Wachstum erforderlichen Bausteinen, wie Substraten, Kofaktoren und anderen Substanzen kommen, die die Ausreifung des schnell wachsenden Gehirns beeinflussen. Zu Störfaktoren zählen etwa die Unzulänglichkeiten plazentarer Versorgung, Stoffwechselstörungen der Mutter, die Einnahme von Wirkstoffen wie Alkohol und anderen Drogen, Veränderungen der Konzentration zirkulierender Hormone im Blut der Mutter, Wachstumsfaktoren oder anderer Signalstoffe, die durch seelische und körperliche Belastungen während der Schwangerschaft ausgelöst werden. Gegen Ende der Schwangerschaft sind verschiedene Sinnesorgane und dazugehörige Verschaltungen im Gehirn des Fötus so weit ausgereift, dass er damit seine ersten Wahrnehmungen machen kann: Er spürt das Schaukeln, schmeckt das Fruchtwasser, hört den Herzschlag der Mutter sowie Stimmen und Musik von außen. Alles, was zu ihm vordringt, verbindet das ungeborene Kind mit der Sicherheit und Geborgenheit, die in seiner Welt herrschen. Aber auch Störungen während der Schwangerschaft, wie permanent auftretende, laute Geräusche, wie ständige Angst und zu viel Stress der Mutter, den der Fötus über einen veränderten Herzschlag und durch die Ausschüttung verschiedener Hormone wahrnimmt, können dazu führen, dass das Gefühl der Geborgenheit bei der Geburt weniger oder instabil ausgeprägt ist.[45] In der therapeutischen Arbeit mit Menschen habe ich bei einigen Wenigen diese Annahme bestätigt gefunden, wenn kein stabiles Gefühl des Sinns für Geborgenheit vorliegt, wenn also eine Orientierung für dasjenige fehlt, was ihm guttut, wenn er „schwimmt" zwischen einer unerfüllbaren Sehnsucht, dessen Herkunft und Ziel ihm unbekannt sind und einem unerträglichen Istzustand, dem er weder trauen noch sich darin zuhause fühlen kann. Tatsächlich kann ich das Grundgefühl der Betroffenen als „ganzheitlich instabil" bezeichnen.

Auch Gerald Hüther forscht in seinem Buch „Innere Bilder" nach Ausdrucks- und Zielrichtungen prä- und postnatalen Daseins. Woran orientieren wir uns? Was erzeugt beim Menschen ein Bild für seine Suche im realen Leben? Und auch hier ist die Antwort: Dass das Innen ohne das Außen sowie das Außen ohne Innen existentiell nicht funktioniert. Die Milliarden neu gebildeter Nervenzellen des zukünftigen Gehirns wissen nicht, wie lange sie sich teilen sollen, wo sie ihre Fortsätze bilden oder die Synapsen ausbilden sollen. Ihr genetisches Programm versetzt sie nur in die Lage, sich zu teilen, solange die entsprechenden äußeren Bedingungen dafür vorhanden sind. So wirkt ein Programm von Optionen mit einer „Wenn-Dann-Funktion", die Hüther so beschreibt: „Jede Veränderung der äußeren Welt, die stark genug ist, um das in der ‚Innenwelt' des sich entwickelnden Gehirns herrschende Bedingungsgefüge zu verschieben, kann daher die dort stattfindenden Wachstums- und Differenzierungsprozesse in eine bestimmte (ohne diese Störung nicht oder noch nicht eingeschlagene)

[45] Gerald Hüther: „Biologie der Angst", S. 72

Richtung lenken."[46] Die Organe und Organsysteme, insbesondere „lernfähige" Systeme wie das zentrale Nervensystem oder das Immunsystem, sind noch beeinflussbar in ihrer endgültigen Strukturierung. Das genetische Programm in deren Zellen ist Repertoire an Handlungsoptionen, mit denen sie sich auf Veränderungen des lokalen Milieus anpassen können. Schon vor Geburt und vor den Sinnes-Wahrnehmungen wird das sich entwickelnde Gehirn mit einer Fülle an Veränderungen konfrontiert, mit solchen vom eigenen Körper und mit denen innerhalb des Gehirns durch Wachstum- und Ausreifungsprozesse, also selbst erzeugte Veränderungen. Bereits entstandene Nervenzellverbände wandern und ordnen sich in Gruppen, verbinden sich mit Fortsätzen und passen innere Organisation immer besser und immer wieder neu an die vorgefundenen und sich stets wieder ändernden Verhältnisse an. Hüther formuliert: „Ihre Anordnung und ihre Beziehungen werden also durch die im Gehirn und im Körper herrschenden Bedingungen geprägt. So wird das sich entwickelnde Gehirn bereits lange vor der Geburt zu einem sich fortwährend ergänzenden und vervollständigenden Abbild der Verhältnisse, unter deren Einfluss es sich herausformt."[47] Die Wechselwirkung und Reziprozität ist nicht nur Bestandteil, sondern Definition des menschlichen Lebens. Wir werden in anderen Kapiteln zur Gehirnforschung und Neurodidaktik hören, was geschieht, wenn digitaler Missbrauch „die Kinderstube" beherrscht: wenn sich körperlich nicht mehr (oder viel zu wenig) betätigt wird, wenn sich schlecht ernährt wird, weil der Betroffene das Gefühl hat, es bliebe ihm keine Zeit fürs ruhige Essen, wenn

---

[46] Gerald Hüther: „Die Macht der inneren Bilder – Wie Visionen das Gehirn, den Menschen und die Welt verändern", S. 57

[47] ebda., S. 47

die Augen als Sinnesorgan auf künstliche Bildabfolgen trainiert werden, wenn nicht oder zu wenig gemalt, gespielt, geschrieben und sich kreativ beschäftigt wird, kurz: Wenn eine absolute Fixierung auf den Bildschirm Einzug in den Alltag gehalten hat.

Die Schädigung der physischen Gesundheit ist nur eine Folge der Sucht nach „Abschalten" von der realen Welt. Wer nur sehr wenig lebendig kommuniziert, verlernt das lebendige Kommunizieren und hat das Gefühl „draußen" zu sein. Wer sich zu wenig bewegt, verlernt die muskuläre Betätigung und jeder Spaziergang wird zur Anstrengung. Gleichzeitig zieht es den digital Fixierten immer zum Bildschirm, zum Ausgang des Spieles, zum Chatten, zum Checken der Nachrichten in den Netzwerken. Auch in diesem Fall stellt sich das Gehirn darauf ein: Andere neuronale Bahnen als bisher werden verstärkt ausgebildet. Das Gehirn bleibt anpassungsfähig – so oder so: Glücksgefühle nicht beim Vogelgezwitscher, sondern beim interaktiven Videospiel?

Als Zusammenfassung für Sie schlage ich vor:

1. Auch Vertreter der Neurobiologie gehen davon aus, dass jeder Mensch das Gefühl der Geborgenheit aus der vorgeburtlichen Phase des Daseins kennt und intuitiv sein Leben lang sucht.
2. Noch im Mutterleib macht der Mensch seine ersten Wahrnehmungen: Er spürt das Schaukeln, schmeckt das Fruchtwasser, hört den Herzschlag der Mutter sowie Stimmen und Musik von außen. Alles, was zu ihm vordringt, verbindet das ungeborene Kind mit der Sicherheit und Geborgenheit, die in seiner Welt herrschen. Aber auch Störungen während der Schwangerschaft können dazu führen, dass das Gefühl der Geborgenheit bei der Geburt weniger oder instabil ausgeprägt ist.

3. Jede Veränderung der äußeren Welt, die stark genug ist, um das in der ‚Innenwelt' des sich entwickelnden Gehirns herrschende Bedingungsgefüge zu verschieben, kann die dort stattfindenden Wachstums- und Differenzierungsprozesse in eine bestimmte Richtung lenken. Die Organe und Organsysteme, insbesondere „lernfähige" Systeme wie das zentrale Nervensystem oder das Immunsystem, sind in ihrer endgültigen Strukturierung noch beeinflussbar.

6. Zeit gewinnen – Zeit verlieren: Kompass der Sinnhaftigkeit im digitalen Alltag?

Die Zeit.

Zeit gewinnen, Zeit verlieren. Zeit sparen. Zeit verschwenden. Zeit optimieren... Ein großes Thema im Leben des digital ausgestatteten Menschen, die Zeit bzw. das Gefühl, nie welche zu haben. Eigentlich war der Beginn des Computers und des Handys, dann des Smartphones, eingeführt durch *Apple* 2007, dazu da, mehr Zeit zur Verfügung zu haben, so Steve Jobs, der Apple-Gründer. Er war trotz und wegen aller Komplexität seines Charakters ein Visionär, der Großartiges leisten wollte und geleistet hat, immer im Sinn, das Leben der Menschen grundsätzlich zu verändern. Das hat er geschafft. Ziel war es, das Leben zu erleichtern; die Menschen über alle Grenzen hinaus, global zu vernetzen und den Alltag wesentlich praktischer zu gestalten, weil „man das Wichtigste immer in der Tasche hat". Das stimmt: Mit einem Smartphone können wir überall und zu jeder Zeit (fast) alles machen. Neben all den Funktionen, die zweifelsfrei effizient sind, möchte ich an dieser Stelle meinen Reflektionen und Gedanken freien Lauf lassen und Sie in das Gespür um die *Effizienz der Zeit* mitnehmen.

Baden-Württemberg hat gerade die Möglichkeit freigegeben, einen Arzt nicht mehr besuchen zu müssen, sondern per Skype die Diagnose anfordern und das Rezept per Mail erhalten zu können.[48] „Das ist doch super praktisch!", so die begeisterten Rufe aller interviewten Personen. (Die Vorauswahl der Befragten lässt darauf schließen, dass der Aspekt des Zeitsparens positiv bewertet

[48] Telemedizin-Projekt 19.1.18

werden soll.) In der Debatte um die Digitalisierung des Alltags geht es grundsätzlich um den Aspekt des Zeitsparens und wie wichtig es sei. Als würden wir Zeit gewinnen, um diese in der Familie, mit Kindern und Freunden, mit Lesen und Spielen, mit Freizeit und Entspannung zu verbringen. Ist dies tatsächlich so?

Wenn wir nicht zum Arzt gehen müssen, sparen wir Zeit. Die Zeit jedoch ist eine philosophische metaphysische Größe und keine Realität. Das menschliche Wesen lebt zwischen Tag und Nacht – dies ist der einzige, natürlich vorgegebene Rhythmus, nachdem der Mensch sich ausrichtet. Der moderne Mensch des Abendlandes hat die Zeit dagegen seit einigen Jahrzehnte zum Spar- und Gewinnfaktor erklärt, indem er den Tag in die Produktivität von Minuten taktet. Allen voraus die Ökonomie, die in Zeitungen wie *Capital* mit Sätzen punktete, dass die Zeit nun eingespart werden müsse, um produktiver zu sein. Das Verschwenden von Zeit zu sparen ist im Prinzip jedoch unmöglich, denn die Zeit ist so frei wie der Wind, der kommt und geht. Wenn wir nicht zum Arzt gehen müssen, sparen wir also weniger ein, als wir denken. Ganz im Gegensatz verlieren wir: Wir verlieren menschlichen Kontakt, wenn wir nicht mehr zum Arzt gehen müssen; wir büßen auch Bewegung ein; wir büßen uns „auf den Weg machen" und somit Motivation ein; wir büßen Überraschungen und Spontanität „auf diesen unseren Wegen" ein. Einladen tun wir uns körperliche Faulheit, ja geradezu Abstinenz zur Körperlichkeit. Die Frage, wer bin ich in meinem Körper, wird schwer zu beantworten sein, wenn das Sitzen zur Regel der physischen Haltung wird.

Ich möchte prognostizieren, dass sich die Zahl adipöser Menschen in den nächsten Jahrzehnten verdoppeln wird, denn wenn wir uns körperlich betätigen möchten, laufen wir nicht mehr spontan irgendwo hin, die alltäglichen

Anlässe wie Arztbesuche, wie Einkaufen werden wegen des Zeitsparens minimiert, sondern wir müssen ins Fitnessstudio gehen, um unsere Muskeln zu betätigen: ein zeitlich einzuräumendes Extra, eine zusätzliche Aktivität. Beim Wunsch des Zeitsparens haben wir somit einen Termin hinzugewonnen! Doch der Mensch wird immer müder – insbesondere derjenige, der viel Zeit vor dem Bildschirm verbringt. Seit Januar 2018 können wir auch den Brillenkauf per Skype unternehmen und uns die ausgewählte Brille per Post schicken lassen. Die Werbung verspricht: „So geht Brillenkauf HEUTE!" Es wird nicht beim Brillenkauf bleiben und nicht beim digitalisierten Arztbesuch und nicht beim Einkauf per Bildschirm. Wenn man es richtig bedenkt, wird man eine Menge Dienstleistungen und somit Berufe digital ersetzen können. Wo ist die Grenze? Was ist unsere Grenze?

Wenn Mia nach Hause kommt, möchte sie nur noch in Ruhe gelassen werden. Der Schultag hat sie ermüdet. Mia wirft sich aufs Sofa, packt das Handy aus, die Kopfhörer und holt auch das *Tablet* aus dem Schlafzimmer, damit sie gleich alles auf einmal neben sich liegen hat. „So muss ich nicht mehr aufstehen!", denkt sie erleichtert. Eigentlich parkt sie sich auf der Couch. Schade nur, dass es nicht eine Bank am Waldesrand ist. Die aber ist ziemlich weit weg; Mia wohnt in einer europäischen Großstadt. Ihre Hausaufgaben lädt sie sich später noch runter, die Buchbesprechung von Faust gibt es bei *Wikipedia.*

Wir entledigen uns der Bewegung. Wir entledigen uns vieler Berufe, auch der handwerklichen. Wir entledigen uns des persönlichen Service der Dienstleistungen. Zweifelsohne ist es einfach, meine Bücher bei Amazon zu bestellen. Und es ist praktisch, weil es Zeit spart, sie nicht einkaufen gehen zu müssen, sondern dank der Meinung anderer, der Rezensionen, bestellen zu können.

Ich erinnere mich an das Jahr 1989, als ich in

Frankfurt/M. das erste Mal in einen *Hugendubel* ging. Damals hatte ich begonnen, die Fächer zu studieren, die ich nach dem Freikauf aus der DDR unbedingt studieren wollte, Philosophie und Psychoanalyse, und genau dort, wo ich es wollte: in Frankfurt/M. bei Jürgen Habermas! So etwas hatte ich noch nie gesehen: Die roten Sofas in jeder Etage und die Bücher durfte ich aus dem Regal direkt zum Schmökern auf die Sitzecke mitnehmen. Wahnsinn! „Im Laden aufm Sofa lümmeln und Bücher lesen, die ich nicht gekauft habe." Im Souterrain gab es auch noch ein Café und auch dort konnte ich lesen, die ungekauften Bücher! Für mich war das ein Erlebnis und bis heute genieße ich diese Atmosphäre des Zugangs zur Welt des Wissens, gepaart mit Gemütlichkeit und Komfort. Jedoch: Hugendubel schließt nach und nach seine Geschäfte, denn der Umsatz ist aufgrund der digitalen Einkäufe bei Amazon & Co innerhalb von zehn Jahren deutlich zurückgegangen. Beim *Service der Brancheninfo des Deutschen Buchmarktes* wird angegeben, dass der stationäre Buchhandel während dieser Zeit rund eine halbe Milliarde Umsatz verloren hat.[49]

Wir entledigen uns des menschlichen, fühlbaren Kontakts. Wir entledigen uns der persönlichen Gespräche. Wir entledigen uns der spontan stattfindenden Treffen – einige alte Freunde habe ich zufällig beim Stöbern kennengelernt – des Stolperns über eine Situation, über einen Menschen. Wir bringen uns also auch um Zufälle, um Möglichkeiten des uns Zugefallenen, um Situationen, in denen wir „über ein Buch fallen", ohne es vorher zu wählen, einen Menschen spontan kontakten, weil er sich bückt, wenn uns beim Einkauf an der Kasse der Schlüssel aus der Tasche fällt. Ein Blick und schon verbunden ... All das passiert. Es geschieht. Es muss aber geschehen können, auf

[49] https://www.verdi-bub.de

dass es passiert.

Haben wir tatsächlich Zeit gewonnen, durch Apparate, mit denen wir allseits alles tun können, so wie wir auf den ersten Blick suggeriert bekommen, also denken und fühlen? Das Merkwürdige ist: Im Gegenteil. Umso digitalisierter unsere Welt ist, desto weniger frei verfügbare Zeit scheinen wir zu haben. Sicherlich kennen auch Sie dieses Gefühl, der Zeit immer hinterher zu laufen? Mir geht es zumindest so: Arbeiten gehen, Mutter-Sein, mich um Stromanbieterfragen kümmern, um die Fragen, welches Wasser ich trinken und welchen Bioladen ich wählen soll, den Haushalt zu erledigen, die Partnerschaft lebendig zu gestalten, Freunde zu kontaktieren, in Verbindung zu bleiben, E-Mails zu beantworten, Rechnungen zu schreiben. Und schon bald mischt sich bei der Aufzählung der zu erledigenden Arbeiten der Gedanke unter: Und was könnte ich unterwegs noch machen? In der S-Bahn die Mails checken? Im Auto telefonieren? Die Rechnungen schnell im Zug schreiben? Um den Stromanbieter mich unterwegs per Smartphone kümmern? Mit der Möglichkeit zur Digitalisierung ist auch die Möglichkeit des *Multitaskings* als Arbeitsweise gewachsen bzw. das Bedürfnis: Was kann ich alles zwischendurch erledigen?

Wenn das Multitasking, das seit einigen Jahren der Digitalisierung als effiziente Arbeitsweise angepriesen wird, bei Erwachsenen überhandnimmt oder bei jungen Menschen zu früh begonnen hat, gibt es neurodidaktisch gesehen durchaus Probleme. Gerald Hüther formuliert immer wieder, aber auch schon 2012 in einer Sendung des SWR: „Dieser frontale Cortex – das ist die interessanteste Region im menschlichen Hirn überhaupt. Das ist der Bereich im Hirn wo Netzwerke liegen, mit deren Hilfe wir uns in andere Menschen hineinversetzen können, Handlungen planen, wo wir auch lernen Frustrationen auszuhalten, unsere Impulse die wir haben zu kontrollieren. Und da zeigen Untersuchungen immer häufiger, dass diejenigen jungen Leute, die intensiv in diesen Multitasking-Computer-Beschäftigungen unterwegs sind, gewisse Probleme haben diesen Frontalcortex aufzubauen und zu verschalten." Die Folge ist eine Verminderung der Denkleistungen.[50]

Ich erinnere mich an die Zeit, in der es kein *Zwischendurch* mehr gab. Als ich neben Arbeit, Muttersein, Partnerschaft und Selbstständigkeit, neben Verlagsgründung und Seminaren noch Artikel schreiben sollte, wurde ich, durchaus mit Nachdruck gefragt: „Na, können Sie das nicht zwischendurch erledigen?" Und mein Bauchgefühl, um genauer zu sein, mein Solarplexus-Chakra antwortete: „Nee, ein Zwischendurch gibt es bei mir nicht mehr!" In diesem Moment wurde mir klar, dass ich gefühlt jede Sekunde des Tages verplant hatte mit „zwischendurch zu erledigenden wichtigen, scheinbar existentiellen Tätigkeiten". Als psycho-spirituelle Therapeutin wurde mir aber auch klar: „So geht das nicht! Zumindest geht das so nicht mehr lange!" Und schon spürte ich die ersten Rückenschmerzen, am Thorax; für mich ein Alarmsignal. Das ist der Bereich des Ausgangs des Herz-Chakras. Mein Brustkorb wurde eng. „Mein Herz schreit!", dachte ich. Und tatsächlich: Als ich in die Stille ging, um diesen Schmerz zu spüren, um ihm und seiner Geschichte zuzuhören, begann ich zu weinen. Da war so viel Druck! Ich war heillos überlastet, total überfordert. Und dieses Gefühl: Da ist kein Platz mehr! Kein Raum mehr zwischen Tun und Machen. Ein Dampfkochtopf, der bereits seit geraumer Zeit schrill pfiff.

Es gibt in Köln und Augsburg eine Initiative, kleine rote Lichter auf dem Asphalt an Ampel- und Straßenübergängen anzubringen, die Bodenampeln, weil

---

[50] SWR, 20.9.2012 „Wie digitale Medien unser Gehirn verändern"

der die Straßen überquerende Mensch nicht mehr nach oben, sondern nur noch auf sein Smartphone nach unten schaut und somit permanent riskiert, überfahren zu werden. Im *Handelsblatt* vom 22.4.2016 wird diese Bemühung so nett überschrieben mit: „Ampeln für die Generation *Kopf unten*". Wir rufen dem Menschen nicht zu: „Hey, schau doch mal wieder nach oben! Schau auf die Bäume, auf die Häuser, auf deinen Nachbarn!" Wir erklären ihm, dass wir ihm den pausenlosen Umgang mit dem Smartphone erleichtern werden, sodass er nicht mehr nach oben schauen muss. Ist das sinnvoll?

Warum haben wir immer weniger Zeit, wenn wir doch Zeit gewinnen wollten? Vielleicht, weil wir immer mehr tun und immer mehr gleichzeitig?

Zur guten alten Zeit, vor zehn Jahren, vor dem Jahr 2007, ging der Mensch nach der Arbeit nach Hause. Briefe schrieb man auch zu dieser Zeit nicht mehr viel, aber man hatte sich die Zeit für Anrufe reserviert, weil man sie hauptsächlich Zuhause erledigte. (Zwar gibt es tragbare Telefone seit den 90er Jahren, aber der flächendeckende mobile Telefongebrauch wurde mit der Einführung des Smartphones alltagstauglich der breiten Bevölkerungsschicht zugänglich gemacht.) Vielleicht las man etwas? Sicher schaute man in die Zeitung, auf dem Lieblingssessel sitzend. Und ab 20 Uhr ging zur *Tagesschau* der Fernseher an, wahrscheinlich. Zum Arzt ging man. Zum Brillenkauf nahm man sich die Zeit. Das Spazierengehen tat man ganz allein, ohne unterwegs etwas erledigen zu müssen, weil man es nicht erledigen konnte, also nicht musste: Ohne Smartphone war man beim Spaziergang frei. Merkwürdig, dass *das Zeit gewinnen wollen* zum *Zeit verschlingen* geführt hat.

Der Ansatz von Steve Job war ehrlich und authentisch: Den Menschen unterstützen zu wollen. Meinem

Empfinden nach hat die umfassende Digitalisierung unser aller Tage nach elf Jahren nicht zur Förderung der Autonomie des Menschen geführt, sondern zu einer schweren Belastung seines Körpers und schließlich seiner Seele. Vielleicht hat dies auch etwas damit zu tun, dass große und kleine Menschen, sobald sie über ein Smartphone verfügen, oft das Gefühl haben, etwas Wesentliches zu verpassen. Pausenlos könnten Nachrichten klingeln, wichtige und unwichtige, private und dienstliche. Auch bei Kindern läutet unentwegt der Benachrichtigungston, weil jemand etwas mitzuteilen hatte. Zumeist Belanglosigkeiten, aber wir Menschen sind dadurch auf Abruf, auf dem inneren Sprung. Oft liegt das Smartphone neben uns auf dem Tisch, manche tragen es stets in der Hand. Wenn wir uns einmal kurz besinnen und uns die ehrliche Frage stellen: Welche der ankommenden Nachrichten, über einen Tag verteilt, waren so wichtig, dass sie nicht zwei Stunden hätten warten können? Welche von diesen entsprachen dem Gefühl, existentiell zu sein, lebensnotwendig? Entsprechend der Antwort, die sich jeder von Ihnen gibt, liegt es nahe, den Apparat zwischenzeitlich „locker und leicht" auf „Flugmodus" stellen zu können. Es erfordert eine bewusste Entscheidung, die sehr befreiend sein kann: Während mehrerer Stunden werden wir einmal nicht unterbrochen und geben wir unserem ganzheitlichen menschlichen System die Nachricht, dass jetzt mal nichts kommen kann; dass wir nicht „bereit" sein müssen. Ist der Mut erst einmal gefasst, sich der „allseitigen Bereitschaft" bewusst zu entziehen, können wir – und zwar Groß und Klein – feststellen: Da ist Luft. Da ist Raum. Da ist unter Umständen mal nichts.

Nichts aber gibt es nicht.

Vor einigen Jahren wurde ich nach Genf eingeladen, um an einem Symposium teilzunehmen, mit dem Titel: „Und wenn wir einmal nichts täten?"[51] Psychoanalytiker aus Paris und Therapeuten aus ganz Europa wurden dazu aufgerufen, sich darüber Gedanken zu machen, was wohl wäre, wenn Kinder „einmal nichts täten". Jeder stellte auf seine Weise, in seinem Fachgebiet zweierlei fest: Einerseits brauchen unsere Kinder heutzutage Langeweile und Nichtstun, weil sie ständig im Machen und im Ausführen von Angeboten sind, und andererseits ist Nichtstun gefüllt mit Gedanken, mit Kreativität: Denn nur, wer IST anstatt immer etwas zu wollen, nur derjenige, der sich darin versteht, der Zeit freien unbeschäftigten Raum zu lassen, der sich fallen lassen kann im „nicht müssen", derjenige kann gestalten und erschaffen, anstatt stets zu wiederholen, zu replizieren, zu multiplizieren und zu funktionieren.

Das bewusste Einstellen eines Frei-Raums lässt etwas anderes zu: Gedanken. Gedanken, die vorbeischwirren; Gedanken, die wir denken möchten oder auch nicht; Gedanken, die zu Wünschen werden können und solche, die uns darauf aufmerksam machen, wie unser Leben alltäglich funktioniert. Gefällt es uns? Sind wir frohen Herzens? Fehlt uns vielleicht ein Malkurs, ein Sprachkurs oder Schreiben oder Joggen – Dinge, die wir lange nicht getan haben und die wir nun als etwas empfinden können, was fehlt und was wir in unseren Alltag wieder einbauen möchten?

Als ich neulich in Erfurt im Kabarett war, saß neben mir eine eher alternativ anmutende Familie, das Mädchen im *Eine Welt Laden Look* und die Mutter mit bunt geperlten *Dreadlocks.* Kaum wurde zur Pause geläutet, holte jedes Mitglied der dreiköpfigen Familie sein Smartphone aus der Tasche, das es bis zum Einläuten des Pausenendes nicht aus der Hand legte. Ich war verwundert. Weshalb? Weshalb sich nicht über das Theaterstück unterhalten? Weshalb nicht

---

[51] Französische Titel

Nichts tuend die Gäste des Kabaretts beobachten? Weshalb nicht einfach warten? Interessant ist: Der potentielle lebendige Gesprächspartner saß neben ihnen, was sie jedoch vorzogen, war das Checken einer digital eingegangenen Nachricht einer im Kabarett nicht anwesenden Person. Weshalb?

Ich glaube, es hat etwas mit dem Gefühl zu tun, unsere zur Verfügung stehende Zeit stets nutzen zu wollen. Dahinter steht die Vermutung, wir müssten die Zeit stets sinnvoll nutzen. Doch schauen wir, wie an dieser Stelle mal genauer hin, spüren wir, dass der unentwegte Gebrauch des Smartphones ja alles andere als irgendwie sinnvoll ist: Wir bewegen uns nicht. Wir unterhalten uns nicht. Wir spielen nicht zu zweit. Wir kommunizieren nicht lebendig. Wir sind nicht gemeinsam, sondern alle einzeln unterwegs, alle Familienmitglieder mit sich, vereinzelt. Kein Austausch, keine Diskussion, kein gemeinsames Lachen über eine Szene, kein sich erinnern, welche Situation im ersten Teil des Kabaretts besonders lustig gewesen war. Werden wir uns später daran erinnern, wie oft wir aufs Smartphone geschaut haben oder erinnern wir uns 10 Jahre später an den gemeinsamen Besuch eines Kabaretts, bei der wir mit der Familie so viel lachten, dass wir Töne produzierten?

Manchmal habe ich das Gefühl, wir laufen einer Epoche „Mensch versus Maschine" entgegen, lebendiger Kontakt versus digitale Kommunikation. Schon ist im Alltag zu beobachten, was bevorzugt wird, wenn Mensch die Wahl hat.

Sind wir frei, haben wir Zeit, sind wir glücklich?
Wir sind gerade dabei, uns unser Selbst, des Menschen in seiner Sinnhaftigkeit des Lebendigen zu entledigen. Die Frage aber ist: Wie möchten wir gemeinsam leben?
Zusammenfassen möchte ich folgende Überlegungen:

1. In der Debatte um die Digitalisierung des Alltags geht es grundsätzlich um den Aspekt des Zeitsparens. Aber ist das wirklich so? Und wofür nutzen wir die vermeintlich gewonnene Zeit? Für Familie, mit Kindern und Freunden, mit Lesen und Spielen, mit Freizeit und Entspannung?
2. Umso digitalisierter unsere Welt ist, desto weniger frei verfügbare Zeit haben wir. Denn mit der Möglichkeit zur Digitalisierung ist auch die Möglichkeit des *Multitaskings* als die als effizient angepriesene Arbeitsweise gewachsen bzw. das Bedürfnis: Was kann ich alles zwischendurch erledigen?
3. Untersuchungen zeigen, dass diejenigen jungen Leute, die intensiv in diesen Multitasking-Computer-Beschäftigungen unterwegs sind, Probleme haben den Frontalcortex aufzubauen und zu verschalten. Die Folge ist eine Verminderung der Denkleistungen.
4. Der Besitz eines Smartphones ist begleitet von dem Gefühl, etwas Wesentliches zu verpassen. Wir Menschen sind dadurch auf Abruf, auf dem inneren Sprung. Dabei sollte man sich fragen, welche der ankommenden Nachrichten, über einen Tag verteilt, waren so wichtig, dass sie nicht zwei Stunden hätten warten können?
5. Kinder brauchen heutzutage Langeweile und Nichtstun, weil sie ständig im Machen und im Ausführen von Angeboten sind. Das bewusste Einstellen eines Frei-Raums lässt Gedanken und Kreativität zu.
6. Objektiv betrachtet ist der unentwegte Gebrauch des Smartphones alles andere als sinnvoll: Wir bewegen uns nicht. Wir unterhalten uns nicht. Wir spielen nicht zu zweit. Wir kommunizieren

nicht lebendig. Wir sind nicht gemeinsam, sondern alle einzeln unterwegs.

7. Ich sehe mich oder wie der Andere zu meinem Spiegel wird

Es war keine Geringere als die französische Psychoanalytikerin und Feministin Luce Irigaray, die Ende der 70er Jahre mit dem Buch „Speculum, Spiegel des anderen Geschlechts"[52] den Denker Jaques Lacan und seine symbolische Begrifflichkeit des „Spiegels" in den feministischen Diskurs aufnahm. Lacan lernte ich nicht kennen, jedoch Luce Irigaray, mit der ich im regen Austausch stand: Im Jahr 1996 verließ ich die Universität in Frankfurt/M., an der ich Philosophie und Psychoanalyse studiert hatte, um nach Paris zu gehen. Ich konnte kein Französisch; ich liebte jedoch die französische Philosophie und die psychologische „Denke", die zu dieser Zeit der 80er und 90er Jahre eine konkrete feministische, gesellschaftskritische Analyse in jeden Bereich unserer Realität hinein transportiert hatte.

Vielleicht ist es für manche unter Ihnen heutzutage schwer nachvollziehbar, aber diese Jahre waren reiche engagierte im Denken; Diskussionsgruppen, AGs, Aktionstreffen, Gesellschaftsanalysen, Demonstrationen und manches Mal offene Kritik an den Professoren, die darüber ziemlich verschreckt waren, definierten unseren studentischen Alltag. In Paris war Feministische Gesellschaftskritik zu dieser Zeit salonfähig und wurde an der Universität von Professorinnen wie Luce Irigaray oder Julia Kristeva unterrichtet. Nach jedem Seminar, wenn wir in unser Leben hinausgingen, waren wir voller brennender Ideen zur Veränderung der Gesellschaft, die wir am liebsten „sofort statt gleich" konkret umgesetzt hätten: Das begann mit der Abschaffung „phallischer Architektur", wie wir sie in Frankfurt/M.

[52] Irigaray, Luce: „Speculum, Spiegel des anderen Geschlechts", edition Suhrkamp, Frankfurt/M., 1974

bestaunen können, bis zur Erziehung unserer Kinder, auf dass Kriege nicht mehr nötig wären, um Konflikte „auszutragen“, meint: Andere nicht mehr *zuzubomben* und stattdessen ernsthaft zu versuchen, den Anderen in seiner Differenz und Fremde zu verstehen und zu respektieren.

Wie erziehen wir unsere Kinder anders? Anders meinte damals und meint auch heute noch für mich, und eventuell ebenfalls für Sie: konfliktfähig, stark, reif, eigen – Individuen, kreativ, ihrer Selbst bewusst, friedfertig und aller Leben respektierend. Und eigentlich ist die Geburtsstunde der Tiefenpsychologie und Psychoanalyse, mit Freud und Lacan auch in dieser Absicht zu sehen: Der 1. Weltkrieg stand damals vor der Tür, der 2. in naher Ferne und der Mensch erwies sich mal wieder als blutrünstige Bestie, die weder vor der Vergasung von Millionen noch vor atomarer Verstrahlung von Milliarden zurückschreckte, inklusive Folter und Massenvergewaltigungen ... Die Frage: „Wie kann sich der Mensch grundsätzlich zu einem besseren Wesen entwickeln?“ war damals so konkret und überlebensnotwendig wie heute.

Der Gesellschaftsbezug, um den es in diesem Buch geht, ist freilich weniger dramatisch, nichtsdestotrotz gewichtig: Lernen unsere Kinder, die nonverbale und verbale Sprache der Kommunikation zu dechiffrieren? Lernen wir im Anderen zu lesen, in seinem Gesicht, in seiner Mimik, in seiner Art zu sprechen und zu argumentieren, auf dass wir ihm ebenbürtig begegnen können? Lernen wir, den Anderen im Gegenüber von uns, unabhängig unserer eigenen Geschichte und Biografie als Individuum anzuerkennen? Und was hat das alles im Zusammenhang der „Digitalisierung unserer Kinder“ mit einem *Spiegel* zu tun? Um diesen Aspekt menschlicher Entwicklung genauer zu betrachten, beginne ich auch in diesem Kapitel mit dem Moment der Geburt, dieses Mal nicht mit dem vorgeburtlichen

Dasein, aber mit der ersten Lebenszeit, in der der Mensch nach J. Lacan sein Selbstbild, sein Selbst-Vertrauen und ein Bewusstsein seiner Selbst entwickelt: zwischen dem 6. und 18. Monat seiner Existenz. In anderen Kapiteln habe ich Ihnen bereits vom Beginn des Lebens erzählt, so beispielsweise von Philipp in der „Geburtsstunde der Empathie". Sie wissen nun, wie sich dieses „auf die Welt kommen" gestalten kann, wie die Empathie als nonverbale Kommunikation vor und nach der Geburt das Band zwischen Mutter und Kind knüpft. Mit Lacan lege ich zwar ebenfalls den Fokus auf Zwei, aber insbesondere das Eigene, auf die Erschaffung eines Selbst-Bildnisses, auf das Erblicken unserer Selbst in einem Spiegel und dank derjenigen, die zu Beginn unserer Existenz auf uns schaut: die Mutter. Denn es bedarf eines konkreten menschlichen Gegenübers, auf dass sich das Neugeborene selbst spüren und sehen kann; es bedarf der Bewegung eines Echos: „Ich schaue Dich an, ich sehe Dich und in diesen meinen Augen erkennst, weil spiegelst Du dich!" So das Neugeborene, das sich selber durch den Blick der Mutter erblickt.

Auch an diese Stelle kommen wir an der Bedeutung der Mutter-Frau nicht vorbei. Und wie so oft fragen sich manche Mütter, wieso es nun wieder sie seien, die verantwortlich sind, weshalb sie also wieder schuldig gesprochen werden können und wo denn der Vater sei? Ich sehe unsere Bedeutung als Mutter-Frau in keinem dieser angesprochenen Kontexte und freue mich, wenn wir Mutter-Frauen in keine dieser Negativgefühle abtauchen müssen. Tatsächlich ist es so, dass biologisch, energetisch und seelisch der Mutter eine enorme Wichtigkeit in der Entwicklung des menschlichen Wesens zukommt, eine Vorrangstellung, die wir weder leugnen noch in einem feministischen Diskurs negieren können. Es liegt – schlicht und ergreifend – an der Zeit des Zuhauses im Mutterleib und an der ersten Phase der absoluten Bedürftigkeit des Neugeborenen, das in den Armen der Mutter liegt und im Idealfall dort auch gestillt wird, d.h. seine überlebensnotwendige Nahrung direkt aus dem Körper seiner Mutter erhält. So sprechen wir ja auch physisch und seelisch von einer Zeit der Symbiose. Ich betone vielmehr diese enorme Chance einer Mutterschaft, in der Möglichkeit, Einfluss, gesellschaftsveränderndes Potential und somit Macht liegen, wenn wir diese anerkennen und uns darüber erst einmal bewusst geworden sind: dass wir nämlich die nächste Generation der Menschheit „zeugen" und diese seelisch, energetisch, mental und physisch in ihrer Entwicklung ganz klar bestimmen, die Richtung einer inneren Dynamik vorgeben und eine grundsätzliche Determinierung des *Ja* oder des *Nein* zum Leben beeinflussen. Was für schwindelerregende Aussichten im Weitblick – ohne freilich diese Verantwortung gleich überladen zu wollen, sonst bekämen wir Mutter-Frauen vielleicht Angst, uns dieser Rolle zu stellen.

Nun steigen wir in die Tiefen psychologischen Denkens und in die Symbolik des Spiegels ein: Nicht nur Lacan, auch andere Psychoanalytiker haben bei der Beobachtung von Kleinkindern festgestellt, dass sie sich im Spiegel begrüßen, wenn sie sich dort sehen. Vielleicht erinnern Sie sich an Kinder, wenn sie beginnen, mit ihrem Spiegelbild zu spielen, sich zu entdecken? Sie wenden sich hin und her, sie lachen, sie quietschen vor Freude, ziehen Grimassen und sind ganz und gar in dieser eigenen Welt, mit sich und durch sich selbst bestimmt. Oft sind sie in Gänze entzückt. Manches Mal sind sie auch überrascht, sich dort, im Spiegelbild zu sehen, wobei sie sich auf diesem Weg der Spiegelung ja erst selbst entdecken müssen! Zu Beginn sind sie sich noch fremd, ein wenig schamhaft. Sie wissen noch gar nicht, dass wirklich sie es sind. Und tatsächlich haben sie sich noch nie zuvor selbst, im Ganzen gesehen. Es ist also ganz und gar ein Weg und Ausdruck der Selbsterfahrung und des Selbst-Bildnisses. Bis zu diesem Zeitpunkt haben sie sich erleben können, nämlich körperlich gefühlt, zunächst im Mutterleib und danach durch die Berührungen, durch das Windeln, das Ernähren, das Kuscheln und Lieben. In dem Moment jedoch, in dem sie sich im Spiegel erblicken, schauen sie sich das erste Mal in ihrer Existenz geradezu in die Augen. Kein Wunder also, dass die Psychoanalyse von der „Entdeckung des Ichs" spricht: „Aha, das bin ich!" spürt das Kind, sieht sich an und nimmt sich das erste Mal in voller körperlicher Größe wahr, in seiner Abbildung. Dieser Prozess geschieht durch die Augen, denn es ist ein sich Erblicken im wahrsten Sinne. Lacans Ausdruck des *„Je"*, des Ichs, liegt in dieser Bedeutung: „Ich bin!", weil ich mich selbst erblicke. Somit ist das Kind in diesem Stadium nicht mehr mit seiner Mutter symbiotisch verbunden. Es erkennt sich getrennt von ihr, als ein eigenständiges Ich. Die Welt trennt sich ab diesem Moment in das eigene *Ich* und *Nicht-Ich*, wobei die Mutter ab diesem Zeitpunkt zum Nicht-Ich gehört sowie auch der Vater und die gesamte Welt. Lacan präzisiert: „Man kann das Spiegelstadium *als eine Identifikation* verstehen im vollen Sinne, den die Psychoanalyse diesem Terminus gibt: als eine beim Subjekt durch die Aufnahme eines Bildes ausgelöste Verwandlung."[53]

In der Tat ist es ein grandioser Wandel in der Welt des Menschen, gekennzeichnet von der Ablösung einer absoluten Abhängigkeit des „auf die Welt gekommen Seins", bedürftig und in gewisser Weise ausgeliefert, hinein in das

---

[53] Jacques Lacan: *Das Spiegelstadium als Bildner der Ichfunktion, wie sie uns in der psychoanalytischen Erfahrung erscheint* (1948). In: Ders.: *Schriften I*. Quadriga, Weinheim, Berlin, 1986

Bewusstsein der Trennung. Das Kleinkind kann nun krabbeln, sich fortbewegen. Es kann die Flasche bekommen, sich also auch von der Mutterbrust entfernen, es kann greifen, nehmen, Ziele anvisieren und darauf zusteuern. Der Wandel liegt in der Entfernung, in einer bewusst einnehmbaren Distanz, sei es in einem *Hin* oder in einem *Weg*. „Ich krabble auf etwas zu!" ist der volle Ausdruck der Inbetrachtnahme eines Ziels, worauf sich das Kleinkind nun zubewegen kann. Wenn es sich also seinem Spiegelbild zuwendet und sich darinnen als *Ich* erkennt, so ist dies auch der erste große Schritt in die Unabhängigkeit und in die Trennung von der Mutter, in die Geburt der Souveränität: „Ich bin ich! Ich bin (auch) allein. Ich bin ein Individuum (anstelle einer Symbiose) und kann in die Welt (zu einem Ziel) hinaus gehen!" Was für ein enormer Schritt und vielleicht ist es gar dieser, der das Menschsein überhaupt bestimmt: Kein anderes Lebewesen kann diesen Prozess in dieser Reifung vollziehen.

Um den Prozess der Spiegelung (oder auch einer fehlenden) in den Zusammenhang des Missbrauchs digitaler Medien zu stellen, möchte ich Sie noch einen Moment mit der Lacanschen Theorie inspirieren, auf dass Sie sich vorstellen können, was in Etwa geschieht, wenn ein Kleinkind die Augen des Anderen sucht, derjenige aber energetisch abwesend ist, weil stundenlang von einem kleinen Apparat absorbiert ...

Lacan hat diese Beobachtung des „in den Spiegel Schauens" in gewisser Weise weiter philosophiert.[54] Da es sich um ein Bild handelt, um das Selbst-Bild, das das Kind im Spiegel erblickt, hat er den Begriff des *Imaginären* hinzugenommen, um dem Raum des Spiegelns und des damit

---

[54] ebda.

angestoßenen Prozesses eine Begrifflichkeit zu geben. Denn das Kind, welches sich anschaut, ist nicht Dasselbe wie die Idee, die es „zurückgeworfen" bekommt. Stellen wir uns gemeinsam das Kleinkind vor, das vor einem Spiegel steht. Was geschieht? Wer oder was ist anwesend?

1. Das Kind auf der einen Seite, das sich anschaut.
2. Das Bild, das zurückgeworfen wird.
3. Der imaginäre Raum, der dadurch entsteht.

Daher spricht Lacan diesen berühmten Satz aus: „Le je n'est pas le moi!"[55] Er will damit verdeutlichen, dass das Kind (1.), das *Ich*, nicht dasselbe ist wie sein Bildnis (2.), das es gespiegelt bekommt. Diese Unterscheidung ist so einfach wie genial; sie ist ja offensichtlich, nur muss jemand sie beobachtet und thematisiert, den Prozess des sich Anschauens genauer benannt haben. Denn durch die Differenzierung in Kind und Bild entsteht der Raum, in dem sich das Kind wähnt (3.). Und nun kommt das Spannende: Dieser Raum ist nicht real; er ist nicht so real wie das Kind, das physisch da ist oder das Bild, das es ja tatsächlich im Spiegel erkennt. Der imaginäre Raum ist derjenige, den das Kind dank des Bildes wähnt zu sein – seine subjektive Art der Identifizierung. Es ist die Vorstellung über sich selbst, die Idee von sich selbst. Es ist ein energetisch gefüllter Raum. Lacan spricht auch vom Ideal-Ich.[56] Es ist der gewähnte Raum, in dem sich ein kleines Mädchen um seine eigene Achse dreht und sich unheimlich gut gefällt. Oder es ist der, in dem ein kleiner Junge in sein eigenes Spiegelbild ganz verliebt

---

[55] „Das Ich ist nicht sein Bild!"

[56] Dylan Evans: *Wörterbuch der Lacanschen Psychoanalyse*

dreinschaut.[57] Dies ist der Idealfall. Heute wissen wir, dass dieser gewähnte Raum auch negativ besetzt sein kann: Wenn so ein kleines Mädchen oder ein kleiner Junge einsam sind, sich in den Spiegel schauen und wenn dasjenige, was sie dort wahrnehmen, ihnen nicht gefällt, weil mit einem Schatten verbunden ist, was dann? In diesem Moment wohnt im imaginären Raum vielleicht Traurigkeit, vielleicht Dunkelheit oder gar bereits Verzweiflung? Das Bild, das wir von uns zurückgeworfen bekommen, dieses Echo unseres Selbst, ist bereits vorbestimmt mit dem, was mit-schwingt: Freude oder Wut? Liebe oder Zweifel? Anerkennung oder Missgunst? Lebensfreude oder Schwermut?

Nun erkennen Sie eventuell die Dimension eines Blickes. Ist es der Spiegel, der den eigenen Blick im Echo zurückwirft, ist es derjenige der Mutter oder ist es derjenige der Welt. Gleich. Ein Blick sendet, befördert, lässt wähnen – transportiert das Bild von uns. Dies ist der exakte Sinn des Begriffes Selbst-bewusst-Sein. Wie sehen wir uns? Chancenreich oder erfolglos? Privilegiert oder Abgehangen von allen anderen? Geliebt oder als Verlierer? Dieser Blick über uns hat nicht unmittelbar etwas mit der Realität, mit unserer aktuellen Lebenssituation zu tun als vielmehr mit dem, wie wir gesehen wurden und uns in der Folge also gewähnt haben. Wer schaute wie auf uns? Lacan präzisiert in diesem Zusammenhang so treffend, dass wir vor dem Spiegel nie alleine sind: Jemand schaut uns über die Schulter. Jemand ist mit anwesend, selbst, wenn er physisch nicht da ist.

Vielleicht kennen Sie die Situation, dass Sie sich jeden Morgen eines jeden Tages im Spiegel anders sehen?

---

[57] Die in diesem Zusammenhang stehende Narzissmus-Thematik ist für unseren Zusammenhang nicht notwendig auszuführen. Wer sich hier weiterbilden möchte, lese im Themenbereich des *Narzissmus* und der Bildung des *Ich-Ideals* (S. Freud) nach.

Mal gefallen Sie sich. Mal finden Sie sich zu dick, mal ist es Ihnen egal. Und doch sind Sie präzise immer dieselbe Person, das Ich (1.), das sich in den Spiegel schaut. Weder Sie noch Ihr gespiegeltes Bild (2.) verändern sich, sondern der Raum, in dem Sie sich wähnen (3.): Wer oder was schwingt an diesem Morgen in dem gewähnten energetischen Raum mit? Im Übrigen ist dieser „Raum am Morgen" auch durch die Träume und Stimmungen der Nacht beeinflusst, die darüber entscheiden, ob sie sich an diesem Morgen lieben oder mal wieder selbst abwerten.

Die Bedeutung dieser Erkenntnis wurde mir auch dank einer Patientin noch einmal verdeutlicht: Anita war 30 Jahre alt, hatte eine anorektische, also magersüchtige Mutter, kämpfte daher selbst mit einer Essstörung, gefühlt ihr ganzes Leben lang, nahm in wenigen Wochen stark ab oder „fraß" sich bis zu zehn Kilo innerhalb von acht Tagen an. Sie war es, die mir erzählte, dass sie sich jeden Morgen eines jeden Tages seit 20 Jahren im Spiegel anders sehen würde: „Wissen Sie... Es kommt darauf an, wer an diesem Tag hinter mir steht! Ist es meine Mutter, dann sehe ich mich immer als fett an, egal wie ich tatsächlich aussehe. Ich finde mich an allen Stellen meines Körpers zu rund, auch, wenn ich gerade in Topform bin! Habe ich aber einen guten Tag, bin selbstbewusst, zufrieden und mit mir im Reinen, dann finde ich mein Spiegelbild genau richtig, auch, wenn meine Knochen ein paar Kilos zu viel tragen!" Genauso ist es wohl.

Gehen wir in den Gedanken einen Schritt weiter. Das Spiegelbild ist eines, die Augen anderer Menschen sind etwas anderes, erfüllen jedoch dieselbe Funktion: Das Kind schaut auf, in die Augen des Gegenübers und erblickt dort, im gewähnten Raum, sich selbst über das Bild, das der Andere ihm spiegelt. „Lächelt er mich an? Mag er mich, gerade jetzt? Ist der Mensch traurig? Ist er froh, dass ich da bin?" All dies kann ein Kind ahnen. Diese große Fähigkeit des

Menschen, in der Mimik eines Anderen zu lesen, in der Kommunikation vor dem gesprochenen Wort alle Gefühle verstehen zu können, die anwesend sind, kann das Kleinkind noch sehr gut. Diese Gabe geht leider immer mehr verloren, parallel zum Älterwerden, weil mit dem Grad unseres *Beschäftigtseins* verbunden. Umso mehr Stille und Prozesszeit, desto stärker bleibt diese, bis in spirituelle Räume und ins Hell-Sehen ausbaubare Fähigkeit bestehen. Umso mehr Arbeitszeit und *Multitasking*, desto mehr verzieht sich diese Anlage in hintere Regionen unseres Gehirns und unserer Seele, weil sie nicht mehr benutzt wird.

Das Spiegelbild, die Augen, das Gegenüber – sie alle lassen uns empfinden, wer wir sind. Sind es zunächst die Mutter und der Vater, die Eltern, so erfüllen später die Peergroups dieselbe Aufgabe: Bin ich anerkannt? Was denkt der andere über mich? Und ist mir wichtig, was der Andere über mich denkt oder bin ich genügend selbst-bewusst, dass ich auch negative Feedbacks aushalten kann? Der Blick des Anderen, seine Augen, werden uns Zeit unseres Lebens in einen gewähnten Raum versetzen. Dieser ist sozusagen vorbestimmt bzw. lässt in jedem Lebensalter die biografisch ersten Resonanzen mitschwingen. Entsprechend ist dieser energetische Raum mit Erinnerungen und Emotionen gefüllt.[58] (Um diese ersten Prägungen, die sich in der Psyche gerne in Glaubenssätzen anlegen und äußern, zu verändern, bedarf es eines bewussten Hinschauens. In diesem Prozess der Selbstarbeit kann sich der einst definierte energetische Raum auflösen und wir haben wieder die

---

[58] Wichtig zu verstehen ist: Hier geht es nicht darum, ob ich als Gegenüber einmal abwesend, einmal verstimmt oder traurig war, manchmal am Smartphone spiele. Der gewähnte Raum umfasst die grundsätzliche Stimmung, die stets mittransportiert wird, unterhalb sozusagen. Ob ein Mensch physisch lächelt oder nicht, ändert nichts am energetischen Inhalt, an diesem grundsätzlichen *Ja* oder *Nein*, das mittransportiert wird.

Möglichkeit, aus dem *Jetzt* zu agieren.)

Stellen Sie sich nun vor, das Kleinkind oder auch ein bereits älteres Kind sucht den Blick im Gegenüber und findet nichts bzw. ein energetisches Absorbiert-Sein, eine Abwesenheit. Der Erwachsene ist körperlich voll und ganz da, und dennoch ist er nicht da. Wird sich das Kind dann darin spiegeln können, in einer Absenz? Findet es dann eine positive Antwort auf die Frage seiner Existenz: „Bin ich da?" Diese meine Frage ist eine rhetorische, denn die Antwort ist negativ. Wenn kleine und große Kinder im Spiegel des Anderen sich selbst suchen, dort aber nichts finden, weil der Andere energetisch abwesend ist, weil der Spiegel praktisch blank ist, dann kann der betroffene kleine Mensch sich eben nicht wahrnehmen, sich nicht fühlen. Wir sprechen in diesem Zusammenhang von einer Leere oder auch vom „gespiegelten Nichts". Eine Patientin, die diese Leere im Gegenüber erlebte, weil ihre Mutter sie quasi nie wirklich anschaute, nie wirklich voll da war, sprach von „galaktischer Leere", als sei sie im dunklen Universum hängend, schwerelos, ohne jedwede Möglichkeit eines Halts.

Nach diesen Beschreibungen und Überlegungen können Sie sich eventuell konkreter vorstellen, wie wichtig der symbolische Spiegel für das Kind ist bzw. was ein kontinuierliches Fehlen desselben verursachen kann. Wie soll der Mensch Selbst-Liebe entwickeln? Wie einen körperlichen, geistigen, seelischen Bezug zu sich selbst aufbauen, wenn es keine Spiegelung gibt? Wie sich selber in den Augen des Anderen wahrnehmen, wenn diese ihn nicht anblicken? Für das Kind ist es eine Abwesenheit, die einem Desinteresse gleichkommt. Langeweile, Leere, innere Haltlosigkeit, Bezugslosigkeit und Einsamkeit sind das Ergebnis.

Ein Ausgangspunkt, dieses Buch zu schreiben, sind die endlos vielen Szenen, in denen ich Kleinkinder in ihren Wägen liegen oder sitzen sehe, die Mütter oder Väter am

Handy beschäftigt erlebe und das betroffene Kind einen dermaßen gelangweilten, verlorenen Gesichtsausdruck macht, dass es mich schmerzt. Nach Minuten der Antwortlosigkeit, nach Minuten des „auf der Suche Seins" dreht es sein Gesicht irgendwann weg und schläft ein, mit einem Ausdruck unendlicher Hoffnungslosigkeit, mit einer Art: „Hier gibt es nichts (mehr) zu erwarten." Sind die Kinder dann ein bisschen älter, wird ihnen als Beruhigung Süßes in den Mund geschoben, wenn sie sich beschweren oder nicht aufhören, den Anderen auf ihre Art zu rufen – was bei vielen Eltern auf dasselbe hinaus läuft: Das Kind stört. Und sind sie noch ein bisschen älter, dann dürfen sie selbst auf dem ausrangierten Smartphone des Papas spielen. Dann sind sie drei Jahre alt.

Diese Szenen wiederholen sich mittlerweile überall und ständig. Und ich bin mir sicher, dass auch Sie diese Situationen allerorts beobachten können. Mit diesen tiefenpsychologischen Reflektionen und Bildern möchte ich Bewusstsein unser aller Haltung schulen, inklusive meines eigenen. Als ich die Lust spürte, dieses Buch zu schreiben, wollte ich mir die Zeit nehmen, darüber nachzudenken, was unser aller Sehnsucht ausmacht, stets digital angebunden zu sein: Vor einigen Jahren lief ich selbst Gefahr, stets und ständig beschäftigt zu sein, Dinge erledigen zu müssen, nachzuholen, aufzuholen, digital natürlich, auch, wenn meine kleine Tochter mich eigentlich gebraucht hätte, zum Spielen, zum intensiven und wirklichen DaSein, in meiner vollen Präsenz. In dieser Zeit war ich Teil der *„Multitasking-Szene"* und drauf und dran, krank zu werden. Krank bedeutet in diesem Zusammenhang für mich: Schmerzen haben, den Körper, der schreit, jedoch zu überhören, weil immer noch etwas, scheinbar existentiell Wichtiges zu erledigen ist. Schließlich habe ich einen *Cut* gemacht und bin aus der Mühle der *Zeitlosigkeit* ausgestiegen, bevor es zu spät war.

Weshalb? Ich mochte mich nicht mehr; meine stets genervte Art am *Limit*, meinen genervten Ton, weil „es schon wieder jemand wagte, mich in meinen lebenswichtigen, digital zu erledigenden Aufgaben zu stören". Als ich erkannte, dass ich so war, wie ich nicht sein wollte, veränderte ich meinen Rhythmus der Arbeit, den meiner stillen und lauten Kommunikation, den meines Schreibens und meiner Therapien, um mich wieder mir, meiner Tochter und meinem Partner auch in innerer Anwesenheit zuzuwenden. Den Unterscheid eines „Vorher-Nachher", eines lediglich funktionellen Daseins oder eines tatsächlichen Daseins spürten sowohl ich als auch meine Tochter und mein Partner quasi im Moment selbst: Ich war wieder ganz.

In den Reflektionen dieses Kapitels über die Symbolkraft des Spiegels geht es um das Kind, aber insbesondere um uns, um uns Erwachsene, die mit dem Smartphone oder Computer unbewusst umgehen, wenn wir mal wieder vergessen, dass es unbedingt Zeiten des „mit" und Zeiten des „ohne" geben muss – für uns selber und für unser Gegenüber, für diesen wunderbaren, heranwachsenden Menschen. Ich möchte uns zurufen: Wenn wir meinen, das Kind im Wagen sei ja gerade still und wir könnten den Spaziergang nutzen, um Nachrichten zu checken oder um zu telefonieren, schauen wir doch erst einmal nach, ob das junge Wesen uns sucht, ob es unseren Blick sucht, ob es mit uns auf seine Weise kommunizieren möchte, mit seiner Gestik und Mimik! Lächelt es uns an? Spielt es mit seinen Händchen und Füßen und gluckst dabei, während es uns anschaut? Möchte unser kindliches Gegenüber mit uns sprechen, verbal oder nonverbal, mit Worten oder ohne? Dasjenige, was wir Erwachsene lernen und tun können, ist aufmerksam sein. Wir können oder wollen nicht ohne Digitalisierung leben? Dann setzen wir sie bewusster ein. Dann schalten wir sie ein und aus. Dann freuen auch wir uns selbst daran, mit uns und dem jungen Menschen im „gewähnten" Raum zu sein, miteinander zu lachen, zu erzählen, uns zu berühren oder einfach miteinander da zu sein – in einem energetischen Raum der Schwingungen, weil Erfahrungen, Bilder, der Erinnerungen und Präsenz. Seien wir uns einfach der Tatsache bewusster: Ein Apparat, der unsere innere Anwesenheit auf sich lenkt, zieht diese unweigerlich dem anderen Lebewesen ab. Deshalb spreche ich in diesem Zusammenhang von Absorption, von einem energetischen Angezogen-Sein, das dem anderen Lebewesen die Aufmerksamkeit entzieht. Seien wir bedacht darin, wie oft und wann wir wirklich digital kommunizieren müssen, wenn wir nicht alleine sind.

Ich weiß nicht, wie es Ihnen geht, aber für mich gibt es nichts Langweiligeres, als mit einem Menschen zusammenzusitzen, der pausenlos mit seinem Smartphone beschäftigt ist, während ich es nicht bin. Es gibt keine Unterhaltung, kein Gespräch, aber eben und insbesondere auch kein gemeinsames Sein, *null* Miteinander, keine gefüllte Stille, in der wir uns wähnen. Werden wir uns später positiv daran erinnern, wie wir mit unserem Freund, mit unserem Mann, mit unserer Freundin am Tisch saßen und wie jeder vor seinem Smartphone klemmte? Oder werden wir gerne daran zurückdenken, wie wir gemeinsam auf dem Sofa lagen und die Ruhe des Feierabends genossen, während wir unseren Gedanken nachsannen, in der Stille? Fast kann ich die Frage hören: „Welche Stille?" Ja, es gibt sie fast nicht mehr, im Nichtstun.

Als Fazit biete ich Ihnen an:

1. Das Kind schaut in die Augen des Gegenübers und erblickt dort, im gewähnten
   Raum, sich selbst über das Bild, das der Andere ihm spiegelt.

2. Es bedarf eines konkreten menschlichen Gegenübers, auf dass sich das Neugeborene selbst spüren und sehen kann.
3. Wenn es sich im Spiegelbild als *Ich* erkennt, so ist dies der erste große Schritt in die Unabhängigkeit und in die Trennung von der Mutter. Somit ist das Kind in diesem Stadium nicht mehr mit seiner Mutter symbiotisch verbunden. Es erkennt sich getrennt von ihr, als ein eigenständiges Ich. Die Welt trennt sich ab diesem Moment in das eigene *Ich* und *Nicht-Ich*.
4. Durch die Differenzierung in Kind und Bild entsteht ein energetisch gefüllter Raum, der subjektiven Art der Identifizierung, eine Vorstellung und Idee über sich selbst. Dieser kann positiv, aber auch negativ besetzt sein.
5. Diese ersten Prägungen legen sich in der Psyche in Glaubenssätzen an. Daher hat der Blick über uns nicht unmittelbar etwas mit der Realität zu tun als vielmehr mit dem, wie wir gesehen wurden. Wer schaute wie auf uns?
6. Ein Apparat, der unsere innere Anwesenheit auf sich lenkt, zieht diese unweigerlich dem anderen Lebewesen ab.

8. Wie sich unser Gehirn postnatal aus neurodidaktischer Sicht entwickelt oder über die Reziprozität des Innen und Außen

Nachdem wir uns angeschaut haben, wie sich der Mensch prä- und postnatal, also vor- und nachgeburtlich entwickelt, möchte ich uns einen Einblick in die Gehirnforschung gewähren, vorzugsweise dank des deutschen Neurobiologen Gerald Hüther, der seit einigen Jahren wissenschaftliche Themen so verarbeitet, dass er die physische und seelische Entwicklung in einen Zusammenhang bringt, ausgehend von der Neurodidaktik. So entwickelt auch Hüther die These, dass die Sehnsucht des Menschen nach Geborgenheit mit der vorgeburtlichen Zeit beginnt und die physische wie seelische Entwicklung mit der Art der Mutterbindung gedeutet werden kann. In seinem Buch „Biologie der Angst – Wie aus Stress Gefühle werden" fasst er zusammen: „[...] schon ein Lob, ein liebevoller Blick, ein freundliches Lächeln der Mutter, um uns dieses Gefühl der Geborgenheit wiederzugeben und uns Mut zu machen, auf unserem weiteren Weg. So haben wir immer wieder erfahren, wie die Angst verschwand, wenn jemand in unserer Nähe war, der uns mit seiner Wärme Sicherheit und Schutz bot, der uns liebte. Das war die erste eigene Erfahrung, die wir in unserem Leben gemacht haben. Die Verschaltungen hierfür wurden immer wieder gebahnt und das Gefühl, dass wir bei einem Menschen, der uns liebt, geborgen sind, wurde tief in das Gehirn eines jeden Menschen eingegraben."[59] Während Psychoanalytiker über die Homogenität des pränatalen Raums sprechen, so bewegt sich sein Denken von biologischen Tatsachen aus, hin zu der Entwicklung von bestimmten Emotionen. Auch Hüthers Sorge gilt der „zu frühen" Digitalisierung

---

[59] Gerald Hüther, „Biologie der Angst", S. 91

der Kinder und somit, welche Folgen sich daraus aus neurologischer und emotionaler Sicht ergeben. Hüther entwickelt gerne Bilder, die ich als sehr sinnig, als tiefgreifend und als gut nachvollziehbar empfinde. So vergleicht er in seinem Buch „Biologie der Angst"[60] die Entwicklung von Nervenzellen mit einem Netzwerk aus verschiedenen Straßen: Ob der Mensch in schmalen Pfaden, Wegen, Straßen oder Autobahnen denkt und fühlt, ist abhängig vom Gebrauch unserer Nervenzellen bzw. der Wiederholung bestimmter Aktionen im Außen, die im Innen, im Gehirn entsprechende Wege formen: Je nachdem, wie oft wir sie nutzen, werden Nervenbahnen zu „[...] begehbaren Wegen, glatten Straßen oder gar zu breiten Autobahnen" – wer immer nur schnell ans Ziel wolle, übersähe verträumte Feldwege; wer immer nur einsame verschlungene Pfade entlang spaziere, werde früher oder später Schwierigkeiten bekommen, schnell zu denken und rasche Entscheidungen zu treffen. Insofern ist sicher, dass die Art und Weise der in unserem Gehirn angelegten Verschaltungen zwischen den Nervenzellen, die unser Denken, Fühlen und Handeln bestimmen, abhängig davon ist „[...] wie wir diese Verschaltungen nutzen, was wir also mit unserem Gehirn machen, was wir immer wieder denken, was wir immer wieder empfinden [...]"[61]: Welche Handlungen tun wir bevorzugt den ganzen Tag, die ganze Woche, ein ganzes Leben lang? Fest steht an dieser Stelle der Überlegungen bereits, dass Abwechslungen in Aktionen und emotionale Herausforderungen dem Gehirn am besten tun, weil es dank neuer Reize darauf reagiert und entsprechend neue Nervenbahnen angelegt werden. Ein Jemand, der über Jahre hinweg acht Stunden

---

[60] Gerald Hüther: „Biologie der Angst – Wie aus Streß Gefühle werden", Vandenhoeck & Ruprecht, Göttingen, 2013

[61] ebda, S. 8

täglich nur Klavier übt, ist dabei ebenso „schmalspurig" auf seinen Pfaden unterwegs wie ein „digitaler Nerd". Und ich möchte nicht bewerten, ob die Einseitigkeit des Klavierspielens besser ist als eine Einseitigkeit der Digitalisierung. In beiden Fällen werden bestimmte Fähigkeiten unterstützt und viele andere werden zwangsweise verkümmern.

Nun kommt der Mensch aber sehr reich, ja voller Gaben auf die Welt: Alles ist da. Alles ist im Gehirn und in den Zellen da. Und es kommt auf das Neugeborene und seine Eltern, seine Umwelt an, wie die Fähigkeiten genutzt, gestärkt und ausgebaut werden. So formuliert Hüther in seinem Buch „Bedienungsanleitung für ein menschliches Gehirn" zusammenfassend: „Wofür ein Gehirn benutzt werden kann, hängt zwangsläufig davon ab, wie es aufgebaut ist. Und wie ein Gehirn aufgebaut ist, ist wiederum davon abhängig, wofür es bisher gebraucht wurde, und zwar nicht nur von dem jeweiligen Besitzer, sondern auch von dessen Vorfahren, die die entsprechenden Konstruktionspläne in Form bestimmter genetischer Anlagen ausprobiert haben und – wenn sie einigermaßen funktionierten – an ihre Nachkommen weitergeben konnten."[62] Und weiter: „Nichts im Hirn bleibt so, wie es ist, wenn es nicht immer wieder so genutzt wird wie bisher. Und nichts im Hirn kann sich weiterentwickeln und zunehmend komplexer werden, wenn es keine neuen Aufgaben lösen, keine neuen Anforderungen zu bewältigen gibt."[63] Hüther entwickelt in seinen Büchern „Biologie der Angst", „Bedienungsanleitung für ein menschliches Gehirn" und „Innere Bilder" die These, dass sowohl das Erleben der Gefühle wie Angst, Frustration, Traurigkeit als auch die Überwindung dieser Emotionen durch ein *Sich-Stellen* nicht nur für die Entwicklung des Bewusstseins und

---

[62] Gerald Hüther: „Bedienungsanleitung", S. 21

[63] ebda., S. 25

für die Herausbildung des Ich-Gefühls von immenser Bedeutung sind, sondern grundlegend für die Entwicklung des Gehirns, auf dass es lernen kann. Denn nur derjenige, dessen Nervenzellen zur stärkeren Vernetzung aufgerufen werden, lernt tiefgreifend und entwickelt sich somit auch physisch stets weiter: „Wie die zum Zeitpunkt der Geburt noch nicht festgelegten Nervenbindungen später tatsächlich miteinander und mit den älteren, bereits fest verdrahteten Nervennetzen des Gehirns verknüpft wurden, hing von den konkreten Erfahrungen ab, die das Neugeborenen bei der Bewältigung von Herausforderungen und Bedrohungen in seiner realen Lebenswelt machte.“[64]

Die Festigung oder aber Verkümmerung zwischen den Nervenzellen in unserem Gehirn in Abhängigkeit von ihrer Benutzung wird *experience-dependent plasticity of neuroyal networks* genannt. Auch wissen wir heutzutage, dass nicht nur Kindern, sondern ebenfalls Erwachsene aufgrund dieses Mechanismus' ein Leben lang lernen, dank des Meisterns von Herausforderungen, faktischen und somit emotionalen: Jede Bewältigung einer Aufgabe lässt das Gehirn komplexer werden, Schaltkreise werden durch Synapsenbildung neu „entzündet“ und Gefühle entstehen. Eigentlich und ganz konkret können wir sagen, dass der Mensch erst aufhört zu lernen, wenn er sich „zum Sterben hinlegt“, d.h., wenn er sich nicht mehr überwindet, wenn er keine Herausforderungen mehr annimmt, wenn er nur noch im gleichen Trott des Alltags vor sich hin spaziert. Das kann auch mit 30 Jahren symbolisch das Totenbett bedeuten, falls die Falle der Mutlosigkeit den Menschen in einen engen, sehr begrenzten, aber bekannten Raum zwängt. Denn Lernen braucht Reize, braucht Stimulation, braucht den Aufruf: „Beweg Dich, Mensch!“ – gleich welchen Alters. Insofern

---

[64] ebda., S. 57

bedeutet Lernen immer eine Aufforderung.

In der Gehirnforschung ist diese Reziprozität zwischen *Außen und Innen* in gewisser Weise ein „alter Hut". Neu an dieser Forschung ist, dass Seeelenleben und Gehirnentwicklung in Relation gesetzt werden. Es geht um nichts weniger als um die interdisziplinäre Nutzung der Forschungsergebnisse und dies ist absolut nicht selbstverständlich. Der Austausch bedeutet nämlich das Abwenden von Konkurrenz, hin zum miteinander Lernen und Vernetzen. Lassen Sie uns mit Hüther weiter denken und noch genauer verstehen, wie Gehirn auf Emotionen wirkt: „Mit jeder erfolgreich bewältigten Belastung, jeder bestandenen Herausforderung wird unter dem Einfluss der bei der kontrollierbaren Stressreaktion stattfindenden Aktivierung des noradrenergen Systems das jeweils empfundene Gefühl in Form von bestimmten, dieser Empfindung zugrundeliegenden neuronalen Verschaltungen in unserem Gehirn verankert. Diese Bahnungsprozesse sind umso intensiver, je früher sie erfolgen und je häufiger die entsprechenden Verschaltungen bei Herausforderungen und Belastungen aktiviert werden. Welche Verschaltungen für welche Gefühle gebahnt werden, hängt davon ab, was der einzelne empfindet, wenn es ihm wieder einmal gelungen ist, eine Bedrohung abzuwenden oder eine Herausforderung zu bestehen."[65] Auch diese Beschreibung gilt für jedes menschliche Alter, aber eben umso mehr, desto jünger der Mensch ist: Ob das Baby gestillt wird, wenn es schreit, ob es gehört wird, wenn es ruft, ob es beginnt zu laufen, hinfällt und wieder aufsteht, ob es sich verbrennt und das kalte Wasser seine gereizte Haut beruhigt oder ob der 18-Jährige sein Elternhaus verlässt und lernt, alleine zu leben – Leben ist das Annehmen von Herausforderungen. Wenn wir diese

---

[65] Gerald Hüther: „Biologie der Angst", S. 69

nicht mehr suchen oder bewältigen, werden wir steif und unbeweglich, rigide und unser Denken und Fühlen wird eng. Sogar einst gelernte Strategien müssen immer wieder neu angepasst werden, damit sie nicht zu einem routinierten Ablauf verkümmern. Wenn ein Jemand Bewältigungsstrategien zur Aufrechterhaltung der inneren Ordnung gefunden hat, und wenn er diese Strategien über Jahre hinweg kontinuierlich anwendet im Glauben, auf eben diese Weise alle Probleme lösen zu können, passiert Folgendes: „Die dabei in ihrem Hirn aktivierten Verschaltungen werden so immer effizienter verknüpft und gebahnt, bis aus den anfänglichen kleinen ‚Nervenwegen' allmählich feste Straßen und schließlich sogar breite ‚Autobahnen' entstanden sind. Aus der primären Bewältigungsstrategie ist dann ein eingefahrenes Programm geworden, das das gesamte weitere Denken, Fühlen und Handeln der betreffenden Menschen bestimmt. Zwanghaft sind sie darum bemüht, immer wieder solche Bedingungen zu schaffen und aufrechtzuerhalten [...]."[66] Wenn meine elfjährige Tochter sagt: „Mama, wenn ich von der Schule nach Hause komme, beruhigt mich immer nur eines wirklich: Bildschirm schauen!"[67], und sie dies also täglich tut, wird dieser Mechanismus zu einem eingefahrenen System, das zwar Beruhigung verspricht, das jedoch Gewohnheit bedeutet. An das Gehirn und ihre Emotionen wird dann weitergegeben: „Was du jetzt brauchst, ist der Bildschirm!" Im positiven Sinn mag ich diesen Prozess als Ritualisierung bezeichnen und in diesem Fall ist es sogar wichtig, dass bestimmte Handlungen, die Ruhe und Gelassenheit

---

[66] Gerald Hüther „Bedienungsanleitung", S. 62

[67] Um Fernsehen und auch die Überschwemmung durch Werbung zu verhindern, hatten wir den Fernseher abgeschafft, als unsere Tochter 5 Jahre alt war. Wir dachten, dass das Gucken von Serien, wie *Yakari* auf *youtube* besser für das Kind sei. Das Ergebnis war dasselbe: Der Computer hatte den Fernseher und somit die Sehnsucht nach der „Glotze" nur ersetzt.

versprechen, immer wieder durchgeführt werden, um ein Wohlergehen zu installieren. Dazu kann das Schreiben von *Morgenseiten*[68] zählen, das ich seit 20 Jahren praktiziere, das regelmäßige Üben von Yoga oder Meditation zu einer bestimmten Tageszeit, das physische Training oder auch das Hören von Musik: Entscheidend dabei ist die Wiederholung und wir können erkennen, dass Rituale für einen ganzheitlich gesunden Menschen wichtig sind. Im Negativfall jedoch können wir uns vorstellen, was der Missbrauch digitaler Medien bei Kindern produziert. Eine dauerhafte Benutzung des Bildschirms als „Abschaltung von der unruhigen Welt", als eine Art Bewältigungsstrategie, mit der globalen Welt umzugehen, führt zur Verfestigung der Nervenbahnen, führt zur Entwicklung von „Autobahnen" und in gewisser Weise zu einem Suchtgefühl: „Das will ich! Das brauche ich!" Aus einem Pfad im Walde wird somit eine betonierte Straße, die nur in eine Richtung führt. Wenn flexible Strukturen in den Gehirnen der Kinder zu früh in routinierte Mechanismen sich verengen, verengt sich der Blick, die Gefahr einer Einseitigkeit ist gegeben und wir Eltern sind dazu aufgerufen, andere Aktivitäten parallel zu installieren, auf dass die Einseitigkeit nicht zu viel Raum einnimmt: Diverse Angebote im Sektor der Kunst, der Musik und des Sports beispielsweise halten die Möglichkeit des aktiven Lernens offen. Wenn einst alles da war, als wir geboren wurden, so entscheiden unsere Handlungen darüber, ob die Anlagen bleiben oder gehen, genutzt werden oder einschläfern, sich vervielfältigen oder verarmen. Der Gebrauch von Gaben und Geräten, von Fertigkeiten und Instrumenten, von kreativen Strukturen und Spielen muss vielseitig sein, darf nicht im Schmalspurmodus in eine Sackgasse laufen. Dies gilt umso mehr bei jungen Menschen; ältere haben im

---

[68] siehe Julia Cameron: „Der Weg des Künstlers"

Idealfall ein Reservoir an Möglichkeiten, die ausgebaut wurden und je nach Bedarf wieder bedient werden können. Dieses Sammelbecken als Spielwiese von Möglichkeiten muss jedoch erst einmal konstruiert, also in den Anlagen des Gehirns genutzt werden, damit sich aus Nervenbahnen Straßen überhaupt erbauen lassen: „Während der ersten drei Lebensjahre [...] kommt es im Gehirn, insbesondere in den höheren assoziativen Zentren des Kortex, zu tiefgreifenden Reorganisationsprozessen."[69] Solange man bereit und offen ist für derlei Modifikationen werden die inneren Repräsentanzen über die äußere Welt im Laufe des Lebens ständig erweitert. Diese Offenheit zur Modifikation und Erweiterung bereits vorhandener innerer Erwartungsbilder sei während der Phase der Hirnreifung, also bei Kindern und Jugendlichen, besonders groß. Bis zum 13. Lebensjahr geht es ganz konkret um die Bereitstellung all dessen, was uns geschenkt und mitgegeben wurde: Nur die Nutzung des Bereitstehenden führt zur Heranreifung einer Kompetenz und zur Ausbildung von besonderen Fertigkeiten. Wir könnten auch sagen: Gaben, die nicht trainiert werden, sind wie Geschenke, die nie ausgepackt wurden. (So können wir im Bezug zu unserer Tochter hauptsächlich eines tun: Sie aufzurufen, ihre vielen ausgewickelten Geschenke so oft und befriedigend zu nutzen wie möglich, auf dass sie die Einbahnstraße nicht voran stolpert, sondern auf unterschiedlichen Wegen spaziert.) Kommen wir zu einem weiteren Gesichtspunkt: dem Erlernen sozialer Kompetenz, dem Ausbau von empathischen Fähigkeiten und von Mitgefühl, denn nach Hüther ist unser Gehirn weniger ein Denkapparat als vielmehr eine Schaltstelle – eine Verschaltungsstelle, in der Erfahrungen zu Mustern und somit zu Richtlinien eigenen Handelns werden. „Die Verschaltungen dieses ‚Belohnungssystems'

---

[69] Gerald Hüther: „Innere Bilder", S. 73

werden ebenfalls immer dann aktiviert, wenn wir eine Herausforderung gemeistert, eine kontrollierbare Belastung erfolgreich bewältigt haben. Es ergeht ihnen ebenso wie denen, die für bestimmte Bewegungskoordinationen oder bestimme Denk- und Verhaltensmuster verantwortlich sind. Sie werden ebenfalls gebahnt. Je öfter wir also die Erfahrung machen, dass wir die in unserem Leben auftretenden Probleme zu lösen imstande sind, desto tiefer gräbt sich in unserem Gehirn ein bestimmtes Gefühl ein. Wenn wir immer wieder besonders stolz darauf sind, es allein und ohne fremde Hilfe geschafft zu haben, werden wir immer selbstbewusster und überzeugter von unserer Kompetenz. Wenn wir immer wieder voll überströmender Freude erleben, dass ein anderer Mensch uns tatsächlich geholfen hat, die in unserem Leben auftretenden Anfechtungen und Bedrohungen zu meistern, wird sich das Gefühl immer tiefer in unserem Gehirn verankern, dass es ein Leben ohne so etwas nicht geben kann, egal, ob wie es nun Liebe nennen oder nicht."[70] Die Bedeutung anderer Menschen beginnt mit unserer Geburt und streng genommen bereits im Mutterleib, denn ohne Vater und Mutter wären wir nicht gezeugt; ohne die Mutter nicht ausgetragen. Im Moment des „auf die Welt Kommens" fängt der lebendige Kontakt unter Lebewesen an und in dieser Sekunde fortan das tiefe Gefühl und Wissen: Ist jemand da? Und wie ist jemand da? Das Neugeborene scheint zu fragen: „Kann ich mich auf Dich verlassen?" Die bis dato im Gehirn angelegten Grundbausteine von Vernetzungen werden genutzt und somit verankert, je nachdem, was Realität ist: Werde ich versorgt, wenn ich schreie? Hört mich jemand, wenn ich rufe? Ist es warm und weich, beschützt und sicher? Oder nimmt das Neugeborene wahr: „Hier will ich auf keinen Fall sein!" In meiner Praxis für

[70] Gerald Hüther, „Biologie der Angst", S. 68

Psycho-spirituelle Seelenbegleitung habe ich bisher mehrere Male mit Menschen zu tun gehabt, deren erster Gedanke genau dies war: Hier will ich nicht sein! Sie wussten es vor der Geburt. Sie wussten es, bevor sie gezeugt wurden. Und sie wussten es erst recht, als sie durch den Geburtskanal geschoben wurden und im Arm ihrer Mutter landeten. In der Trance schrie Marie, 40 Jahre alt: „Ich wusste es schon! Ich wusste es schon! Es wird furchtbar. Hier will ich nicht sein!", und sie weinte jämmerlich. Und: Es wurde furchtbar ... (Dieser Bereich meiner Arbeit liegt in der spirituellen Seelenbegleitung vom Jenseits ins Diesseits, von der nicht-physischen in die physische Welt, besuchbar dank Reisen durch geöffnete Chakren.)[71]

Menschen brauchen Liebe, sonst können sie nicht überleben, sonst wollen sie nicht überleben. Viele Kinder suchen Liebe und greifen ins Leere. Viele Kinder suchen ihr Gegenüber und landen im Nichts. Und viele Menschen suchen Zärtlichkeit und finden Schmerz. Auch diese Erfahrungen sind im Gehirn eingeschrieben, also physisch verankert und meiner therapeutischen Erfahrung nach kann es, trotz aller interdisziplinären Techniken der Seelenbesuche manchmal unmöglich erscheinen, die ersten und stets wiederholten Einschreibungen von Verlassenheit und Lieblosigkeit zu ändern, kann es immens schwierig sein, sich zu verändern. Der Mensch müsste vertrauen; er müsste mir die Hand ausstrecken. Und genau dies kann als ein unüberwindbarer Schritt wahrgenommen werden. Was dann darüber entscheidet, ob unsere *Seelenbegleitung* siegt, ist Mut – der Mut zu springen, hinein in den dunklen unendlichen Abgrund, der tödlich erscheint: Vertrauen heißt in diesem

[71] Viele dieser Erfahrungen und Geschichten habe ich in meinem letzten Buch „Lebst Du schon oder wiederholst Du noch? Dank Tiefenpsychologie und Seelenreisen Dir selbst begegnen" erforscht und weitergegeben; édition Welten, Berlin, 2016

Moment die Bereitschaft, erneut zu sterben, um eine andere Erfahrung zu machen. Dieser Vorgang ist sehr archaisch, existentiell und gleicht der Initiation indigener Völker, bei der die Konfrontation mit (inneren) Dämonen das Aufsteigen ins Erwachsenenalter bedeutet. Für den Menschen bedeutet das Vertrauen, mir die Hand zu reichen, dass auf Sterben nun Leben folgt. Denn, so Hüther: „Nur wenn Kindern Gelegenheit geboten wird, und sie diese Gelegenheit auch nutzen können, um sich und all das, was sie zu einem bestimmten Zeitpunkt ihrer Entwicklung bereits denken, fühlen und können, in immer neuen Beziehungen zu anderen Menschen zu erproben, zu erweitern, zu vertiefen und – falls erforderlich – auch wieder aufzulösen, werden sie in die Lage versetzt, sich einen gangbaren Weg durch das anfängliche Wirrwarr ihrer widerstreitenden Gefühle zu bahnen."[72] Alle Erfahrungen, eben auch die grausamen, bilden das Leben aus. Sie werden darüber entscheiden, ob wir mutig sind, was wir uns zu-trauen, welche Aktionen wir unternehmen oder ob wir das Leben als einen undurchdringbaren Dschungel wahrnehmen und uns gelähmt hinter einem Baum verstecken, dessen Stamm breit genug ist, um uns dahinter zu verbergen. „Die Erfahrungen, die ein Mensch im Lauf seines Lebens gemacht hat, sind fest in seinem Gehirn verankert, sie bestimmen seine Erwartungen, sie lenken seine Aufmerksamkeit in eine ganz bestimmte Richtung, sie legen fest, wie er das, was er erlebt, bewertet, und wie er auf das reagiert, was ihn umgibt und auf ihn einstürmt."[73]

Die Ausbildung von Wurzeln gelingt Kindern nur dann, wenn während der ersten Lebensphase die Chance besteht, möglichst enge, sichere und feste Bindungen zu möglichst vielen Personen aus der nahen Umgebung mit

[72] Gerald Hüther: „Biologie der Angst", S. 102/103

[73] Gerald Hüter: „Bedienungsanleitung", S. 12

verschiedenen Fertigkeiten auszubilden. Gut ist, wenn die Mutter als Bezugsperson liebevoll für das Neugeborene da ist; noch besser ist es, wenn Mutter und Vater, wenn Eltern (hetero- oder homosexuelle) für das Kind da sind. Und idealerweise sind es eben verschiedene Bezugspersonen, die hinzukommen: Großeltern, Tanten, Geschwister und auch ErzieherInnen. Wenn Menschen einen Kreis der Liebe und des Vertrauens um das Kind herum bilden, wie eine Stadtmauer, die eine Dorfkirche umgibt, kann der junge Mensch in einem gesicherten Raum lernen, weil sich ausprobieren, hinfallen und wieder aufstehen. Das seelische Gefühl von Geborgenheit wird ganz klar vom physischen neuronalen Netz beantwortet, weil unterstützt: „Forschungsergebnisse der letzten Jahre haben jedoch deutlich gemacht, dass der Bau und die Funktion des menschlichen Gehirns in besonderer Weise für Aufgaben optimiert sind, die wir unter dem Begriff ‚psychosoziale Kompetenz' zusammenfassen. Unser Gehirn ist demnach weniger ein Denk- als vielmehr ein *Sozialorgan*."[74]

Bevor ich begann, mich mit den Gefahren des Missbrauchs digitaler Medien wissenschaftlich auseinanderzusetzen, weil das Thema scheinbar alle Eltern, inklusive mich selbst betrifft, war mir nicht klar, wie sehr das Gehirn mit den Emotionen verknüpft ist, ja in einem reziproken Verhältnis steht. Ich wusste nicht, dass der Mensch nicht nur seelische Herausforderungen braucht, um zu wachsen, sondern ganz konkret auch körperlich neuronal. Denn „Welche Stufe des Bewusstseins ein einzelner Mensch erreichen kann, hängt zwangsläufig davon ab, wie weit er auf der Stufenleiter der Wahrnehmung, der Empfindungen und der Erkenntnis im Lauf seines Lebens bereits vorangekommen

---

[74] ebda., S. 18

ist."[75] Die Entwicklung des Bewusstseins, die ich bis dato seelisch und spirituell zu begreifen versuchte, ist demnach auch und insbesondere eine Frage der physischen Ausreifung: Das Gehirn lernt durch die Herausbildung innerer Bilder. Wie sehen diese inneren Kompasse des Lebens aus? Innere Bilder sind gespeist durch Erfahrungen und Erfahrungen sind genährt durch wiederholte Erlebnisse und Situationen. Ist das innere Bild eine liebende umarmende wärmende Mutter? Ist das innere Bild ein abwesender Vater? Ist das Bild eine leere, dürre Umgebung, in der das Nichts regiert? Was sind unsere Kompasse des Lebens? In seinem Buch mit dem gleichnamigen Titel „Innere Bilder" erklärt Hüther: Die wichtigsten Erfahrungen macht das Kind als Beziehungserfahrung anhand von Bezugspersonen als Vorbilder: Sie können den Blick weiter öffnen, Neugier und Lust an der Entdeckung der Welt erschaffen, aber sie können auch eigene Unsicherheiten und Ängste aufs Kind übertragen, ihm sein Vertrauen und damit die Neugier und Gestaltungslust nehmen. Es werden „durch Wiederholung" bewährte, im Inneren bereitgehaltene Bilder abgerufen - ob sie gut oder schlecht für den Menschen sind, bewertet das Gehirn nicht - und als handlungsleitende Reaktionsmuster benutzt: Innere Bilder werden immer wieder ergänzt, neu geordnet und weiterentwickelt, sobald sich die inneren und äußeren Verhältnisse ändern. Neue Erfahrungen, die ein Mensch im Laufe des Lebens macht, wirken bis auf die Ebene der Gene. Nervenzellen schreiben beispielsweise neue Gensequenzen ab und legen andere still: „Neue Erfahrungen verändern also die Genexpression. Im Gehirn geschieht das bis ins hohe Alter und bildet die Grundlage für die lebenslange Plastizität und Lernfähigkeit dieses

---

[75] ebda., S. 115

Organs."[76] Und weiter heißt es dort: „Diese für unser menschliches Hirn besonders typische Region brauchen wir, wenn wir uns ein Bild von uns selbst und unserer Stellung in der Welt machen wollen (Selbstwirksamkeitskonzept), wenn wir unsere Aufmerksamkeit auf bestimmte Wahrnehmungen richten, Handlungen planen und die Folgen von Handlungen abschätzen (Motivation, Impulskontrolle) oder wenn wir uns in andere Menschen hineinversetzen und Mitgefühl entwickeln (Empathiefähigkeit, soziale und emotionale Kompetenz). Genau diese Fähigkeiten brauchen Kinder mehr als alles andere, wenn sie sich später in der Schule und im Leben zurechtfinden, lernbereit, wissensdurstig und neugierig bleiben und mit anderen gemeinsam nach brauchbaren Lösungen suchen wollen."[77]

Der Mensch ist ein ganzheitlich funktionierendes, organisiertes Lebewesen. Gehirn, also Körper, Geist und Seele werden durch das prä- und postnatale Leben (sowie dank früherer Existenzen) ausgebildet und wie eine Vorlage geschrieben, das Vorwort eines Buches, das gleichwohl mit den folgenden 20 Kapiteln offen ist und bleibt. Natürlich ist es für einen alten Menschen schwieriger zu lernen, wenn Strukturen als betonierte Autobahnen 70 Jahre lang durch „alle Länder der Welt" zementiert wurden. Da wird es sicherlich schwierig sein, einen begrünten Wanderweg im Wald neu anzulegen, wenn dieser noch nie gedacht oder geschaut wurde: „Je beschränkter das Spektrum an Bewältigungsstrategien ist, das sich eine Person im Laufe ihres bisherigen Lebens anzueignen imstande war, desto größer wird die Wahrscheinlichkeit des Scheiterns angesichts neuartiger psychosozialer Konflikte und seelischer

[76] Gerald Hüther: „Innere Bilder", S. 59

[77] ebda., S. 70

Belastungen."[78] Wir können verstehen, dass diese Menschen keine adäquate Lösungsstrategien für neuartige Herausforderungen finden und dass sie zur Bewältigung ihrer Angst auf alte Gewohnheiten zurückgreifen. Wenn Vertrauen immer den sicheren inneren Tod bedeutete und nur die Kontrolle über die eigene Unabhängigkeit ein scheinbar souveränes Leben versprach, wird dieser Mensch zu 99% dazu geneigt sein, sich zu trennen, um in jedem Fall wieder ein Gefühl absoluter Kontrolle zu reinstallieren. Bei unkontrollierbaren Stressreaktionen wird er auf die alten Lösungsstrategien zurückgreifen, die bisher (scheinbar) erfolgreich waren. Manchmal versuchen diese Menschen auch, durch ihr eigenes Verhalten bestimmte Situationen, wie Drama und Konflikt, wieder herbeizuführen, um sich selbst zu beweisen, dass sie in der Lage sind, Probleme auf eben ihre alt bekannte Weise zu bewältigen: Sie installieren Hilfsbedürftigkeit oder auch Ablehnung oder auch Widerstand, mit dem Ziel, bereits verankerte alte seelische Lösungsstrategien auf den Lebensplan zu schreiben. Wenn ich Ihnen von den Menschen erzählte, mit denen es in der *psycho-spirituellen Seelenbegleitung* manches Mal unmöglich erscheint, Vertrauen aufzubauen, dann sind es genau diese, die unseren Prozess der *Seelenbegleitung* gerne „mittendrin" beenden, eigenhändig, gerade dann, wenn wir „am Feld des Schmerzes inmitten sind" und gerne auch per SMS oder Mail, um den persönlichen Kontakt zu umgehen. In diesem Moment müssen sie eben nicht springen, hinein in das Ungewohnte; in diesem Moment wagen sie eben nicht die Konfrontation mit dem innersten schwarzen Dämon, der Angst. Nein, sie machen weiter wie bisher und reinstallieren ihre eigene absolute Kontrolle – der Einsamkeit ... Wiederholungen werden manifestiert und betoniert und zementiert, bis

---

[78] ebda., S. 79

aus einem offenen Angebot des Lebens eine schmale Sackgasse geworden ist. (Daher trägt mein letztes Buch den Titel: „Lebst Du schon oder wiederholst Du noch?") Wiederholungen wirken auf seelischer und neuronaler Ebene als Gegenteil von Risiko, Mut und dem Annehmen von Herausforderungen. Wenn wir nicht wagen, sehen wir nicht. Wenn wir nicht sehen, sind wir blind. Wenn wir blind sind, laufen wir die ewig selbe Strecke im Kreis. Wir stolpern wie ein Gefangener im Kerker die ewig selbe Runde, einen Fuß vor den anderen setzend ...

Gerald Hüther findet eine sehr gute wissenschaftliche Beschreibung für dasjenige, was Heiler, Seher und Propheten ausmacht. Er meint, die höchste Stufe der Wahrnehmungsfähigkeit des menschlichen Gehirns, sei die der Seher und Propheten, die es geschafft haben, „[...] sowohl die zur Wahrnehmung von Veränderungen in ihrer äußeren Welt als auch die zur Wahrnehmung dessen, was in ihnen geschieht, gleichzeitig zu schärfen, und daß sie die Fähigkeit entwickelt haben, all diese Sinne gleichzeitig und gleichgewichtig zu gebrauchen." Um dahin zu gelangen, bedarf es im Laufe des Lebens des Gleichgewichts zwischen Gefühl und Verstand, zwischen Abhängigkeit und Autonomie, Offenheit und Abgrenzung, zwischen Festhalten und Loslassen und der Mensch „[...] muß das dabei entstehende innere Bild mit all den dort bereits entstandenen Bildern zu einem einheitlichen ganzen Bild, das dann eher einer Empfindung gleicht, verschmelzen lassen. Dabei darf er nicht selbst vor Begeisterung über diese Empfindung ‚dahinschmelzen', sondern er muß sich wieder davon lösen können und sie doch fortan in sich bewahren."[79] Dasjenige, was Hüther als Neurowissenschaftler an dieser Stelle beschreibt, wird von uns in der spirituellen und tiefenpsychologischen Forschung seit

---

[79] ebda, S. 106

Jahrzehnten unterstrichen. In gewisser Weise darf sich das menschliche Wesen „immer wieder neu erfinden", um beweglich und formbar, um neugierig und im Wandel zu bleiben. Formarbeit ist die Voraussetzung für Lernen; Erstarrung bedeutet innerlich und daher äußerlich eine Art Sterben: Wer wird sich in der Realität auf den Weg zu neuen Ufern machen, wenn er innerlich vor Angst hinter dem Baum mit dem starken Stamm verborgen bleibt?

Um das Kapitel abzuschließen, möchte ich noch einen Blick auf dasjenige werfen, was mich in meiner Arbeit begleitet, trägt und gar sinnstiftend ist: Bewusstseinsförderung für große und kleine Menschen. Haben wir die ganze Zeit über die Ursachen und Fertigkeiten menschlichen Lernens gesprochen, so können wir diesen Prozess des Lebens zusammenfassend auch als die Entwicklung menschlichen Bewusstseins bezeichnen, beginnend mit der Geburt bis tief ins Jugendalter hinein und eigentlich bis zum Ende unserer irdischen Tage. Die Herausbildung des Ich-Bewusstseins, des Selbst-Bewusstseins[80] ist die Folge des reziproken Prozesses *Innen und Außen*. Dieser Prozess muss lebendig sein und ist digital nicht zu ersetzen: Würden die Digitalisierung und das digitale Lernen in langsamen Maßen das lebendig Kommunikative ablösen und ersetzen, bedeutete dies nichts weniger als das Ende der Empathie und somit der Mit-Menschlichkeit. Empathie als „Wiege der Menschheit" beruht auf einer eigenen individuellen Ich-Stärke und der Herausbildung eines Selbst. Ohne den Kern eines *Selbst-bewusst-Seins* haben wir keine Instanz des Urteilens, Schauens, Bewertens, Analysierens und der eigenen Haltung, von der aus wir die Welt in Blick nehmen. Denn nur, wer von sich aus *schwingt*, erreicht den Anderen, ohne überflutet zu

---

[80] Die Herausbildung des Selbst-bewusst-Seins ist u.a. Thema meiner Dozententätigkeit in Genf und Berlin.

werden. Das ist die Definition der Empathie: mit sich Sein, hin zum Anderen. Vom Innen zum Außen geht es nicht ohne den Kompass eigener Individualität, die erfahren und gespürt werden will. „Kinder sind den sozialen Strukturierungsprozessen durch soziale Gemeinschaften, Familie, dörfliche Gemeinschaften u.ä. und damit verbundene Kanalisierung und Bahnung bestimmter neuronaler Verschaltungsmuster in ihrem Gehirn ‚ausgeliefert' – Die in den höheren, assoziativen Bereichen ihres Gehirns erst nach der Geburt ausreifenden Verschaltungen sind in fast beliebiger Weise durch die jeweils von Eltern, Verwandten, Freunden vorgelebten oder vorgeschriebenen, durch Belohnung oder Bestrafung bekräftigten Reaktionsmuster formbar. Diese immense Formbarkeit des sich entwickelnden menschlichen Gehirns ist die entscheidende Voraussetzung für die transgenerationale Weitergabe der von einer Gemeinschaft entwickelten und von den erwachsenen Mitgliedern dieser Gemeinschaft für bedeutsam erachteten Fähigkeiten und Fertigkeiten, Kenntnisse und Überzeugungen, Vorstellungen und Ideen. Ohne diese Formbarkeit gäbe es keine Erziehung und Sozialisation, keine Bildung und keine Kultur. Aber alles, was formbar ist, ist auch verformbar."[81] Wir Menschen sind in erster Linie soziale Wesen, wie egoman wir uns auch gerne im eigenen inneren Bild selbst vorstellen: unabhängig, autonom, schön, perfekt, omnipotent. Das Surfen in digitalen Netzwerken unterstreicht nicht etwa die Individualität im sozialen Gefüge – den Menschen in all seiner Mangelhaftigkeit und stets relativen Größe, sondern die Anpassung an Normen, Peergroups und Mode. Die Vorbilder sind Bilder und nicht Realität. Sie sind geschönt. Sie geben etwas vor zu sein. Ob es wahr ist oder nur Schein, wird von BetrachterInnen nicht in Frage gestellt: Das, was er-

[81] Gerald Hüther: „Innere Bilder", S. 116

scheint, will in diesem Moment sein und wird von den Surfern bei *Instagram & Co* auch so wahrgenommen: „Der ist immer schön!", dabei hat er gerade drei Stunden in der Maske gesessen. Das Bild erzählt weder Biografie noch Erfahrungen; es ist nur der Ausdruck eines Egos, das seine Ketten zu sprengen versucht über die einfachste Methode: die Selbst-Inszenierung. Der Prozess des tiefgreifenden Lernens ist schwieriger, weil ganzheitlicher.

So erlebe ich es bei Erwachsenen und Kindern. Sie stellen sich dar, wie sie wünschen zu sein. Schein IST dann Sein. Da höre ich: Alter ist nicht schön, weil es nicht schön ist. VIP-sein ist wünschenswert, egal wie der Alltag und die Realität eines VIP tatsächlich aussieht. Star-werden ist das *Nonplusultra*, unabhängig von den harten Lebensbedingungen. (Und genau diese Bilder werden in der Presse produziert und natürlich springen die meisten Kinder ab sieben Jahren darauf an, weil sie sein wollen, wie ALLE.) Das Bild tritt vor die Realität und als ein lebendiges Vorbild wird das Vor-Bild als Vorlage ungefragt übernommen.

Ich glaube, wie auch Gerald Hüther, dass wir es heutzutage durch die Omnipotenz der Digitalisierung mit einem noch nie dagewesenen Paradigmenwechsel in der Menschheit zu tun haben, der inzwischen das Aufwachsen unserer Kinder ganz konkret betrifft: Sein-Wollen, Mut zur Individualität oder Schein-Erzeugen? Und ich kann es kaum besser formulieren als Hüther: „Anstelle des langsamen, allmählich einsetzenden Prozesses des Bewusstwerdens des eigenen Ich, seiner Rolle und seiner Stellung in der Welt, entwickelt eine wachsende Zahl von Kindern heutzutage eine pseudoautonome Selbstbezogenheit, die in ihren unterschiedlichsten Ausprägungen inzwischen zu einer erheblichen Gefahr für die Stabilität aller westlichen Gesellschaften geworden ist. Diese Fehlentwicklung macht deutlich, wie sehr es für einen Menschen darauf ankommt, daß ein eigenes

Bewußtsein allmählich in ihm selbst und aus ihm selbst heraus erwachsen und reifen kann. Wenn einem Menschen eine bestimmte Vorstellung über sich selbst und von seiner Stellung in der Welt durch die Verhältnisse, unter denen er aufwächst, aufgezwungen oder aufgedrängt wird, so entstehen lediglich ganz bestimmte Haltungen und Überzeugungen, aber kein eigenes Bewußtsein. Damit kann er zwar leben und sich in der Welt zurechtfinden, aber die Möglichkeiten eines menschlichen Gehirns ausschöpfen und sich seiner selbst, seines So-geworden-Seins und seins In-der-Welt-Seins bewußt werden, kann er damit nicht."[82] Was Hüther hiermit anspricht, ist die Tatsache, dass es einen gravierenden, ja existentiellen Unterscheid macht, dass die letzte Generation mit digitalen Medien erst im Jugendalter aufwuchs, während die jetzige Generation bereits im Kleinkindalter mit der Sehnsucht nach dem digitalen Netz täglich konfrontiert ist. Je nachdem, wie Schulen sich positionieren, ist der Erstkontakt mit dem eigenen Smartphone seit der Kindheit offen. Ich kenne auch Familien, die ihre Kinder ab dem zweiten Lebensjahr an *Bildschirm & Co* heranführen. Weshalb? Ist davon auszugehen, dass ein Zwölfjähriger den Umgang mit dem Computer nicht schnell genug lernen würde? Die verneinende Antwort meiner rhetorischen Frage liegt klar auf der Hand. Es ist wünschenswert, geradezu unabdingbar, dass der moderate Gebrauch digitaler Medien von unseren Jüngsten durch Eltern und Erzieher begleitet und reglementiert wird, auf dass sich nicht herausbildet: „[...] ein unreflektiertes kollektives Bewußtsein, das den einzelnen ebenso wie ein egozentrisches Ich-Bewußtsein an der Entfaltung seiner Möglichkeiten hindert."[83] Wir werden die Nutzung der digitalisierten Welt nicht verhindern, dem

[82] Gerald Hüther: „Bedienungsanleitung", S. 117

[83] ebda., S. 118

Missbrauch jedoch des Menschen zur Degradierung vom Subjekt in ein blindes Objekt der Begierde dürfen und sollen wir uns als Eltern und mündige BürgerInnen entschieden entgegen stellen. Unsere Kinder sind keine Adressaten zur Erhöhung des Konsumindexes. Sie sind wundervolle ganzheitliche Wesen, deren Selbst reich und kreativ ist.
Ich möchte für Sie zusammenfassen:

1. Je nachdem, wie oft und in welcher Art und Weise wir unsere Nervenbahnen zum Denken, Fühlen, Handeln nutzen, werden sie zu begehbaren Wegen, glatten Straßen oder gar zu breiten Autobahnen.
2. Wenn flexible Strukturen in den Gehirnen der Kinder sich zu früh in routinierte Mechanismen verengen, verengt sich der Blick, die Gefahr einer Einseitigkeit ist gegeben. Das Gehirn braucht Abwechslungen in Aktionen und emotionale Herausforderungen, weil es dank neuer Reize darauf reagiert und entsprechend neue Nervenbahnen anlegt und so lernt.
3. Wenn einst alles da war, als wir geboren wurden, so entscheiden unsere Handlungen darüber, ob die Anlagen bleiben oder gehen, genutzt werden oder einschläfern, sich vervielfältigen oder verarmen.
4. Nur wenn Kindern die Gelegenheit geboten wird, um sich und all das, was sie zu einem bestimmten Zeitpunkt ihrer Entwicklung bereits denken, fühlen und können, in immer neuen Beziehungen zu anderen Menschen zu erproben und – falls erforderlich – auch wieder aufzulösen, werden sie in die Lage versetzt, sich einen gangbaren Weg durch das anfängliche Wirrwarr ihrer widerstreitenden Gefühle zu bahnen.
5. Die Erfahrungen, die ein Mensch im Lauf seines Lebens gemacht hat, sind fest in seinem Gehirn verankert. Die wichtigsten Erfahrungen macht das Kind als Beziehungserfahrung anhand von Bezugspersonen

als Vorbilder: Sie können den Blick weiter öffnen, Neugier und Lust an der Entdeckung der Welt erschaffen.

6. Die Herausbildung des Ich-Bewusstseins, des Selbst-Bewusstseins ist die Folge des reziproken Prozesses des *Innen und Außen*. Dieser Prozess muss lebendig sein und ist digital nicht zu ersetzen.

9. Der Missbrauch digitaler Medien und mögliche Folgen

Wann beginnt der Missbrauch digitaler Medien? Wie nähere ich mich diesem Thema, ohne Sie, ohne Kinder, Jugendliche und Eltern zu be- und verurteilen, ohne auch unser aller Verhalten so stark zu beregeln, dass die Antworten auf diese Frage sofort aussichtslos erscheinen oder uns alle schlechtlaunig zurücklassen, weil wir die Dimension als zu groß wahrnehmen und wir uns also klein fühlen. So eine Aufklärung halte ich für sinnlos, ja kontraproduktiv. Die Antwort auf Überforderung heißt oft Wegschauen ...

Ich lebe in einer Großstadt, in einer Weltstadt, in Berlin. Und obwohl mein Partner und ich immer in „konsum- und gesellschaftskritischen" Kreisen unterwegs waren und sind, hat diese Tatsache unser Kind nicht davon abgehalten, mit dem allerersten Blick auf eine *Playstation* angefixt zu sein. Ich erinnere mich noch gut: Wir hatten keinen Fernseher, erlaubten aber das Gucken von Serien wie *Yakari & Co* auf dem Computer, auf dass unser Kind nicht Gefahr liefe, durch ein rigoroses Verbot in das andere Gegenteil einer absoluten Sehnsucht nach Fernsehen zu verfallen. Unsere Strategie war also gut gedacht. Sie half aber nichts: Als ich meine vierjährige Tochter sah, wie sie zu Besuch bei Bekannten auf eine Playstation zulief, die der zehnjährige Bruder ihrer besten Freundin bediente, als ich ihre Augen und ihre Gestik dabei sah, wusste ich: „Sie flasht total auf Bildschirm!" Ich sah dieses Begehren, dieses Triebverhalten im Moment selbst. Und von da ab hörte das notwendige Setzen von Regeln eigentlich nicht auf.

Die Frage, wie dem Missbrauch digitaler Medien entgegen zu wirken ist bzw. wann er beginnt, wird nicht eindeutig beantwortet. Laut einer Empfehlung der *American Academy of Pediatrics* sollte man Kinder bis zum Alter von zwei Jahren gänzlich von Fernsehen und Video fernhalten. Ich denke, dass ist der minimale Standard, der überhaupt angesetzt werden kann; er ist m.A.n. zu niedrig. Weshalb? Es ist der Tatsache geschuldet, dass die meisten Kleinkinder, sobald sie den Bildschirm entdecken, sofort von diesem Gerät angezogen sind. Vielleicht kennen Sie die Situation, dass Sie das Handy in die Hand nehmen und Ihr Baby sofort den Blick darauf lenkt? Falls das Kleinkind das Gerät aktiv bedient, wird im Gehirn die neuronale Verbindung geschaffen: „Ich will das! Das tut mir gut! Das macht Spaß!" Ein Begehren ist gesetzt.

Im Gegenzug hält der Neurobiologe und Psychiater Manfred Spitzer den Gebrauch digitaler Medien erst ab dem 13. Lebensjahr für sinnvoll. Und auch, wenn dieses Alter gesundheitlich richtig und durchaus wünschenswert ist, so halte ich diese Grenze in den meisten Regionen für unrealistisch. Meine Beobachtungen haben gezeigt, dass die Frage der Missbrauchsgefahr auch eine Frage ländlicher und städtischer Gebiete ist: Wer hinter dem Haus aufs Feld laufen kann, um zu spielen, ist weniger gefährdet, das Smartphone als Instrument der Unterhaltung allseits zu missbrauchen als diejenigen, die nicht einmal alleine auf einen Spielplatz oder in die Stadt gehen können. (Und bis meine Tochter elf Jahre alt war, war dies der Fall. Es besteht von kindlicher Seite her keine Lust, sich dem Wahnsinnsverkehr und einem Gefühl der Angst zu stellen.)

Ich möchte die folgenden zwei Kapitel über die „Folgen des Missbrauchs" einerseits und über das „Begleiten der Kinder" andererseits derart gestalten, dass wir alle eine Möglichkeit des Atmens haben, meint: Es gibt ganz klar seelische und körperliche gesundheitliche Folgen, die wichtig zu wissen sind und die ich Ihnen in aller Knappheit weitergebe. (Die neurodidaktischen und einige seelische Themen, Risiken und Folgen habe ich in den Kapiteln zuvor bereits ausführlich dargestellt.) Dann gibt es ganz klare Hinweise und Empfehlungen, die *Medienkompetenz* betreffend, die ich für sinnvoll halte, weil sie uns Eltern, weil sie Erwachsene, Kinder, Jugendliche und Pädagogen auf dem Weg in der heutigen Welt beim Gebrauch digitaler Medien unterstützen, wie Fragen eines gesunden Zeitmanagements. Und schließlich gibt es dieses individuelle Gefühl, das uns anzeigt, dass etwas nicht stimmt, dass etwas zu viel ist. Hier möchte ich deutlich zu unserer Sensibilität aufrufen und zum Mut, auf unser Grundgefühl zu hören, das meint: „Ich mag es nicht – es fühlt sich irgendwie nicht gut an!" Das kann unser Kind betreffen, wenn es mit vier Jahren täglich mehr als eine Stunde am Stück, immer weiter und immer mehr, gucken will – und meistens will es ... Das kann aber auch unseren Partner, unsere Partnerin betreffen, wenn er/sie jeden Morgen am Frühstückstisch die Mails auf dem *Smartphone* checkt, während die Familienzeit zum gemeinsamen Frühstücken genutzt werden möchte und somit ein Elternteil bereits morgens „seelisch abwesend" ist. Welcher große oder kleine Mensch hat dann noch Lust, etwas zu erzählen oder zu fragen, sich in einem Gespräch mitzuteilen, wenn das Smartphone von Einem in der Runde gebraucht wird? Es geht also um das Entwickeln eines Mitgefühls und einer Aufmerksamkeit in Bezug zu uns selbst und zu unserem „kleinen oder großen" Gegenüber. Ich möchte uns zurufen: „Seien wir alle wachsam und wagen wir uns, dasjenige, was wir als störend wahrnehmen, auch zu benennen!" Damit beginnt Lernen in der Familie.

Es gibt keine eindeutigen Bezüge, wann Missbrauch beginnt, aber Richtlinien: So können wir davon ausgehen, dass bei Kindern bis zum 13. Lebensjahr der tägliche Gebrauch eines Bildschirms von mehr als 1,5 Stunden ernsthafte körperlich Risiken mit sich bringt. Manfred Spitzer hat in einem Interview von 2017[84] auf einige Folgen des Missbrauchs digitaler Medien hingewiesen, die ich zusammenfassen möchte, weil ich sie für realistisch halte und weil sie in Zeitschriften zum Thema ebenfalls einstimmig dokumentiert werden, wie u.a. im Elternratgeber *Schau Hin*![85] Körperliche Schäden werden provoziert, wie:

- Übergewicht
- Haltungsschäden
- Kurzsichtigkeit
- Schlafstörungen und
- Bluthochdruck

Weshalb? Kinder neigen zu Übergewicht, wenn sie sich zu wenig bis gar nicht mehr bewegen und außerdem zu viel von dem essen, was ihnen meistens schmeckt: zuckerhaltige Waren. Daher ist es spätestens mit dem Schulbeginn eine gute Möglichkeit, Kinder in Vereinen zu organisieren, wie Leichtathletik, Tanzen, Fußball, Handball oder auch Reiten. In diesem Sinne gilt: Alles, was den Kindern Spaß macht, schafft neuronale Bindungen, ist sozial und hält das Kind vom Sitzen mit digitalen Medien ab. Denn auch eine gesunde Haltung leidet, wenn Kinder mehrere Stunden am Stück nur sitzen. Wenn sie dabei auch noch auf einen Bildschirm starren, achten sie gar nicht mehr auf eine aufrechte Position des Rückens, sondern „fallen in sich zusammen". Sie wissen aus den vorherigen Kapiteln, dass Kinder auch innerlich, mental und geistig zusammenfallen, denn sie lernen nicht vor dem Bildschirm. Sie konsumieren. Und das ist mitnichten Dasselbe. Auch, wenn ihr Denken durch entsprechende Programme angeregt sein sollte, so bleibt der

[84] Interview, SWR1, 2017, https://www.youtube.com/watch?v=oLCOzpwuYE8

[85] https://www.schau-hin.info

Körper doch unbeteiligt. Lernen aber ist ganzheitlich und aktiv. Etwas „vorgebrezelt" zu bekommen, das ich durch ein Klicken zu steuern habe, ist kein interaktives Lernen, sondern eine Monologsituation: Surfen bedeutet nicht Bewusstseinsbildung.

Zu den Auswirkungen von Fernsehen auf Kinder gibt es langjährige Studien, die besagen: Je mehr die Kinder im Kita-Alter TV schaut, umso dicker sind sie als Erwachsener, desto höher ist ihr Blutdruck und ihr Cholesterinspiegel.[86] Wenn beispielsweise das Handy klingelt und ein junger oder älterer Mensch nicht rangehen darf, erhöht sich der Blutdruck, weil Angst entsteht: „Jemand will etwas von mir und ich gehe eventuell nicht ran?" Und generell wurde festgestellt, dass bei vermehrter Internetnutzung der Blutdruck ebenfalls erhöht war. Die Studie umfasste 300 Schüler, im Alter von 14-17 Jahren, die mit der Frage konfrontiert wurden, wieviel Stunden sie pro Woche im Internet verbringen würden und was das mit ihnen mache.

Bisher hatten unsere Gesellschaften mit dem Phänomen eines erhöhten Blutdrucks hauptsächlich bei alten Menschen zu tun. Wenn diese gesundheitliche Störung heutzutage im Kleinkind- und Grundschulalter auftritt, ist natürlich auch mit all den Krankheiten zu rechnen, die Bluthochdruck verursacht, wie Schlaganfall, Herzinfarkt, wie Gefäßleiden.

Aufgrund der bestehenden Recherchen wissen wir auch, dass die Allgemeinbildung der Kinder bei erhöhtem Gebrauch digitaler Medien generell schlechter ist. Weshalb? Es liegt mitnichten an ihrer Intelligenz oder am Bildungsstatus des Elternhauses. Es liegt daran, dass Kinder, die es bereits als eine Befriedigung empfinden, zu sitzen und zu schauen, also bewegungslos zu konsumieren, andere Beschäftigungen als anstrengend erleben. Auch der Vorgang

---

[86] ebda.

des Denkens, des Recherchierens, des Lesens ist eine energetische Herausforderung, noch bevor der Körper aktiv ins Spiel kommt. Wenn wir stattdessen etwa seit dem 3. Lebensjahr gewöhnt sind, alles vor unserer Nase, zum Schlucken vorbereitet geliefert zu bekommen, werden wir bequem, so bequem, dass recherchieren, fragen, suchen, Interessen nachgehen sowie körperliche Betätigungen als beschwerlich empfunden werden. **Machen wir uns grundsätzlich klar: Wir selbst haben mit digitalen Medien als älterer Jugendlicher oder als Erwachsener begonnen! Diese Generation ist die erste, die mit dem Babyalter der Digitalisierung entgegensteht. Bei einem Zuviel werden ernsthafte gesundheitliche Schäden riskiert sowie die Änderung von neuronalen und seelischen Entwicklungsprozessen provoziert.** Es ist ein fundamentaler existentieller Unterschied, ob ich mit 15 Jahren digital zu spielen begonnen habe oder mit zwei Jahren. Dabei ist es vollkommen egal, ob es sich um Lernspiele handelt. Physische und seelische Folgen fragen nicht nach dem Inhalt der konsumierten Sendungen. Daher die allseits ausgesprochenen Warnungen, wie auch vom Berufsverband der Kinder und Jugendärzte in Deutschland (Bvkj).[87]

Wir wissen aufgrund von Studien, dass heutzutage Zwei- bis Vierjährige in Deutschland täglich durchschnittlich dreißig Minuten am *Smartphone* verbringen. Das heißt, dass bereits für Kleinkinder der Gebrauch digitaler Medien selbstverständlich wird, <u>bevor</u> sie gar zu denken vermögen, bevor sie kognitiv zu verbinden vermögen, bevor sie gar zu sprechen vermögen! Und das ist der entscheidende Unterschied. Machen wir uns klar: Das Gehirn ist mitnichten entwickelt. Soziale Strukturen sind noch nicht entwickelt und schon besteht ein Reiz nach dem „bewegungslosen" Spielen vor einer

---

[87] https://www.bvkj.de/startseite

Scheibe! Diese Tatsache erhöht eindeutig die Missbrauchsgefahr. Und sie ist neu. Auf einen „vernünftigen Gebrauch" können wir bei Kindern nicht hoffen. Kinder sind lustgesteuert und verlangen nach dem, was ihnen gefällt. Punkt. Nur sehr wenige bis gar keine Zweijährige verzichten freiwillig auf den *kleinen Maulwurf* auf dem iPad.

In einem Vortrag in Leipzig im Jahr 2017 geht Manfred Spitzer auf die Kurzsichtigkeit, also die physische Veränderung der Augen durch eine zeitliche Überdosierung im digitalen Umgang ein. Seine These: „Viel in die Kürze gucken macht kurzsichtig!" Kinderaugen wachsen solange, bis der Brennpunkt genau da ist, wo die Netzhaut ist. Wenn ständig in die Kürze geguckt wird, wachsen die Augen länger und werden dadurch länger. Wenn man dann in die Ferne schaut, ist man kurzsichtig. Der Anteil der Kurzsichtigen liegt bei Rentnern lediglich weltweit bei 1,5%, bei Jugendlichen in Europa bereits bei 30%, in China bei 80% und in Süd-Korea bei 90%. In Süd-Korea haben Kinder laut Umfragen mehr als fünf Stunden täglich Smartphone-Konsum zuzüglich Computerarbeiten und zuzüglich des Gebrauchs der Playstation. Unsere Augen wachen bis ungefähr zum 20. Lebensjahr, dann hören sie auf. Die physische Entwicklung betreffend nehmen die Augen demnach dasjenige an, was ihnen geboten wird: Wenn sie sich kurzsichtig einstellen, lernen sie die Weitsichtigkeit schwer. Ebenfalls nachgewiesen ist, dass Kindern eine altersgerechte spezifische Motorik durch das ständige Wischen über den Bildschirm fehlt. Der Mangel betrifft bereits das Schreiben mit der Hand, aber auch andere handwerkliche Arbeiten. Behalten wir dabei immer im Hintergrund, dass es sich um sehr junge Heranwachsende handelt, deren Biologie mitnichten vollständig ausgeprägt und stattdessen in voller Entwicklung ist, sodass die Digitalisierung hier direkt in die Entwicklung eingreift, sie unterbricht, sie umlenkt.

Wir wissen auch, dass für jede 30 Minuten, die ein junges Kind vor dem Bildschirm verbringt, sich ein 50% höheres Risiko für eine gesunde Sprachentwicklung ausbildet. (Die Studien wurden mit Kindern zwischen sechs Monaten bis zwei Jahren durchgeführt.) Das Schreiben ist fast weggefallen, gar das Verfassen von Mails kündigt sich als altmodisch an. SMS oder Sprachnachrichten sind der gängige Modus der Unterhaltung, womit weder das Gefühl fürs Erzählen, noch der Prozess des Beschreibens unterstützt wird noch das korrekte Schreiben, also die Anwendung der Rechtschreibung und Grammatik. Im Gespräch mit LehrerInnen in Berlin erzählten mir diejenigen des Faches Deutsch, dass das Schreiben motorisch als „zu schwierig" empfunden wird und dass mittlerweile das Gefühl für Satzbildungen oft vollkommen fehle, somit auch für die Punkt- und Kommasetzungen. Die meisten der betroffenen Kinder haben vor dem 7. Lebensjahr konsumierte Chaterfahrungen. Auch hier gilt, dass die Kinder in diesem Alter noch nicht in der vollen Sprachentwicklung sind, die sich erst einmal setzen darf, bevor andere Reize geschaffen werden. Wie wir wissen, heißt Lernen immer, eine Herausforderung annehmen. Vor einem Bildschirm sitzen, kann nie eine Herausforderung sein, selbst mit Lernprogrammen, die von der Industrie und dem Bildungsministerium angepriesen werden. Hier geht es um den Verkauf, und heutzutage um den massenhaften globalen Verkauf. Es geht insbesondere um die Zielgruppe Eltern, eine höchst profitable Zielgruppe auf dem Markt, wie Marktforschungen ergeben haben: Wer würde nicht wollen, dass das eigene Kind gut lernt und „der digitalen Zeit" angemessen vernetzt ist? Als ob jedes intelligente Kind den Umgang mit dem Computer nicht mit 13 Jahren erlernen könnte!

Spitzer spricht in einem Telefoninterview 2018[88] über eine Studie, die aufzeigte, wie die Pisa-Leistungen stiegen oder sanken, und zwar im Verhältnis zum Geld, das in die Digitalisierung der Schulen gesteckt wurde: Je mehr Geld für eine Digitalisierung der Klassenzimmer ausgegeben wurde, umso schlechter waren die Pisa-Leistungen! Das liegt u.a. daran, dass Kinder nicht *Multitasking* arbeiten können, jedenfalls nicht gut. Die Kinder müssen dann, auch bevorzugt im Matheunterricht, auf dem PC folgen UND gleichzeitig dem Lehrer, der vorne steht und den Unterrichtsstoff vermittelt. Wir wissen aber, dass die Vermittlung von zwei Gehalten gleichzeitig bei Kindern nicht gut funktioniert. Auch da zeigte die Studie, dass beim *Multitasking* der Unterrichtserfolg klar abnahm: Das Lernen war um 10-15% schlechter. So macht Spitzer in verschiedenen Vorträgen eindringlich klar, dass die Nutzung von Informationstechnik im Unterricht den Schülern, die langsamer sind, die Probleme haben oder einfach „anders" lernen, am meisten schadet. Ich kann das als Mutter einer bilingualen und hochsensiblen Tochter bestätigen. Sie entwickelte früh eine Lese-Rechtschreib-Schwäche, eine LRS, und kann am besten lernen, wenn es wenig Ablenkung, wenig Geräusche, und viel Konzentration auf einen Inhalt gibt. Zu viel Gleichzeitigkeit schwächt und mindert ihre Konzentrationsleistungen. Dies gilt auch für immer mehr als *hochsensibel* getestete Kinder, die bei zu viel parallel laufenden Reizeinflüssen abschalten und nichts mehr aufnehmen können. So hat eine Studie über Lernen ergeben, bei der die Medien Büchern, Zeitschriften und Suchmaschinen wie Google getestet wurden, dass bei letzterem am wenigsten hängenblieb. Andere

---

[88] https://www.youtube.com/watch?v=cn4M3ZYV5-o

Studien ergaben, dass es keine Steigerung der Medienkompetenz bei Nutzung von *Notebooks* in der Schule gibt. Ganz im Gegenteil: Die Schüler wurden eher unaufmerksamer. Es ist diese Frage eines „zu viel und zu früh", der Gleichzeitigkeit, der Reiz- und Sinnesüberforderung bei jungen Menschen. Manfred Spitzer ist daher der Ansicht, dass das Internet ein ungeeignetes Medium zum Lernen sei. So weiß man heute, dass digitale Lehrbücher weniger Lehreffekt haben als Bücher. Weshalb? Beim aktiven Lernen muss das Kind sein Gehirn benutzen. Bei digitalen Vorgängen wird nur verarbeitet – so viele *Links*, die dazu verleiten, unüberlegt herum zu klicken anstatt bewusst, konzentriert, in Ruhe sich einer Aufgabe zu widmen. Wenn ein Kind mitschreibt, bleiben mehr Informationen hängen als beim Tippen, einfach deshalb, weil der Vorgang des Schreibens komplizierter ist, weil mehr Sinne eingesetzt werden müssen, weil das Gehirn gefordert ist. Sie haben im Kapitel über neurodidaktische Prozesse gelesen, dass für alle neurologischen Entwicklungen gilt: Je komplizierter, desto besser, da im Gehirn mehr passiert, da es stärker in Anspruch genommen wird! Je mehr im Hirn passiert, umso mehr verändert sich dort, desto mehr entwickelt es sich. Und genau das ist Lernen, nämlich ein anspruchsvoller Entwicklungsprozess in jeder Minute. So betont auch Manfred Spitzer immer wieder, dass die Mediennutzung in der Kindheit schlichtweg die intellektuelle Entwicklung behindert, weil überfordert. In der Phase der Oberschule ist das etwas anderes; in der Grundschule wird die Digitalisierung nicht nur nicht gebraucht, sondern kann als schädlich, als Ablenkung vom Wesentlichen aufgrund der neuronalen Risiken angesehen werden. (Ich möchte betonen, dass ich den digitalen Umgang weder dämonisiere noch verharmlose und bin mir sicher, dass Kinder unter zwölf Jahren in der Schule keine digitale Handhabe erlernen müssten.)

Ich möchte Sie noch auf einige seelische Gefahren beim Missbrauch digitaler Medien hinweisen, auf die emotionalen Risiken, die entstehen, wenn Kleinkinder, Kinder und Jugendliche zu viel Zeit vor Fernseher, Computer oder Smartphone verbringen. Ihr eigener Maßstab kann dabei sein, aufmerksam wahrzunehmen, wie sehnsüchtig Ihr Kind auf das Thema Bildschirm reagiert und digitale Medien sucht.[89] Als produzierte seelische Schwierigkeiten gelten:

- Aufmerksamkeitsstörungen
- Einsamkeit/ Leere
- Depression
- Verminderte Empathie
- Aggressivität
- Angst
- Suchtverhalten
- Verminderte Zufriedenheit

Das Thema der Aufmerksamkeitsstörungen habe ich bereits angesprochen. Es gilt aber auch in der Hinsicht, dass Kinder, die viel digital spielen, sich immer weniger für die reale Welt mit ihren Herausforderungen interessieren. Vielleicht haben auch Sie es beobachten können? Diese jungen Menschen fragen stets nach digitaler Unterhaltung; die Welt mit Menschen, mit sozialen Kontakten, mit Politik, Geschichte, Lernen und Leben wird als zu große Herausforderung empfunden. Ich finde das interessant, denn eigentlich ist ja der Bildschirm mit den vielen Bildern und Farben eine große Konzentrationsleistung, jedenfalls für mich. Die Welt da draußen, sie erfordert jedoch die neuronale Verknüpfung, erfordert Synthese und Reflexionsprozesse, ohne Kontrollierbarkeit und Vorhersage. Genau diese werden als zu

[89] Es geht zusammengefasst um den Bildschirm, der stets ein Monolog ist und nicht mit lebendiger aktiver menschlicher Kommunikation zu vergleichen ist.

schwierig wahrgenommen, so scheint es. Die Aufmerksamkeit für „draußen" verfällt: „Die Welt da draußen", außerhalb der „digitalen Blase" ist einfach umfassender, weniger vorhersehbar und nicht kontrollierbar, nicht messbar – ganz im Gegenteil zum Dialogpartner „Scheibe", der macht, was wir wollen, wenn wir es nur richtig zu bedienen wissen.

Weiterhin wurde durch Kinderärzte und viele andere Psychologen einhellig vor dem Gefühl der Einsamkeit gewarnt, trotz digitaler *communities*, trotz weltweiter Vernetzungen? Studien der letzten Jahre haben gezeigt: Je mehr junge Menschen auf *Facebook* vernetzt sind, desto depressiver sind sie. „Es ist nachgewiesen, dass Facebook depressiver, einsamer und zu weniger sozialen Wesen macht."[90] Ich denke, dass dies stimmt, wenn es sich um sehr junge Menschen handelt. Einsamkeit oder Mitgefühl sind Emotionen, die nur durch ein lebendiges Leben gefühlt und erlernt, stimuliert werden. Wenn wir allerdings mit 20 Jahren erst surfen und diese Gefühle als Fähigkeiten bereits erlernt haben, können wir sie ins *Facebook* einbringen.

Keine Maschine jedoch wird uns das Herz erfüllen. Keine Maschine wird uns wesen-haft, in der Tiefe unserer Seele befriedigen können. Im Gegenteil: Wenn wir den Apparat ausstellen, bleiben wir meist allein, mit einem Gefühl der Leere zurück. (Daher die Sehn-sucht, ganz schnell wieder anzuschalten.) So ganz anders, wenn wir mit einem guten Freund den Nachmittag verbrachten, beim Spaziergang am See oder im Wald, mit Gesprächen, mit Freude und in einem Gefühl gegenseitiger Achtung und Liebe: mit Herzensfüllung. Dann wird ein Prozess der Bewusstwerdung und der neuronalen Verschaltung von Emotionen angeregt.

---

[90] M. Spitzer, Telefoninterview Funkwissen 2018: https://www.youtube.com/watch?v=cn4M3ZYV5-o

Einsamkeit, Leere und Mangel können zu Gefühlen wie Angst oder Wut führen. Ob jemand dazu neigt, sich zurückzuziehen und Angst vor Menschen, Gruppen oder *Der Welt* an sich zu entwickeln, hängt grundsätzlich mit seinem Charakter zusammen. Ein anderer wird eben nicht ängstlich, sondern aggressiv reagieren; diesen anderen nervt dann alles, er entwickelt Hass und Wut, wenn er spürt, dass er immer mehr den Anschluss an *die Welt*, an den Alltag, an die Menschen verliert. Derjenige projiziert das Gefühl der Schwäche auf andere und macht sie unbewusst für sein Gefühl der Ohnmacht verantwortlich: Der Abwehrmechanismus der Projektion kommt hier zum Tragen.

Aufhören mit dem digitalen Gebrauch tut weder der Eine noch der Andere gern, Angst oder Wut zu empfinden ist gleichermaßen quälend. So wird das Gegenteil der Fall sein, die Suche nach „mehr". Es ist eben wie bei einer Droge – trotz negativer Begleiterscheinungen hört der Süchtige nicht auf, den Konsum freiwillig zu reduzieren; er wird den Konsum gar steigern. Er will die Sekundäreffekte ja nicht wahrnehmen müssen! Der Vergleich von Sucht und Droge mit digitalem Missbrauch ist folgerichtig, da die emotionalen Gegebenheiten, die Sekundareffekte als auch die Handlungen entsprechend sind. So gibt es neuerdings die „Stationäre Therapie von Internet- und Computerspielsucht" in psychosomatischen Kliniken. Dieser Sektor wurde aufgrund massiver Nachfrage eingeführt – auch ein Phänomen, das es vor kurzem, vor fünf Jahren noch nicht gab! Wir sehen: Mit steigender Digitalisierung des Alltags nimmt parallel die Suchterkrankung zu, bei Groß und bei Klein.

Die wesentlichste Folge digitalen Missbrauchs auf emotionalem Niveau ist der sich steigernde Verlust empathischer Fähigkeiten, des Mitgefühls, des Lesens in Mimik und Gestik, kurz: der Fähigkeit, lebendige Kommunikation zu dechiffrieren. Sich in *Facebook* oder *Instagram* anhand einer Momentaufnahme, eines Fotos bewundern zu lassen ist eben nicht dasselbe, wie mit einem oft schwierigen Alltag emotional in seiner ganzen Fülle fertig zu werden. Die Tatsache, dass es in unseren Breitengraden immer mehr zur Mode geworden ist, sich strahlend und glücklich zu präsentieren als einen Gewinner, macht es nicht einfacher, die Vielfalt des Lebens mit all ihren Schattentagen, mit den dunklen Zeiten und Konflikten leben zu wollen ... In Frankreich sind Arbeitgeber dazu übergegangen, ihren Angestellten bei Schönheitsoperationen finanziell „unter die Arme zu greifen", da ein Gesicht mit Falten, da müde Augen oder Tränensäcke als Zumutung empfunden und als verkaufsschädigend angesehen werden. Diese Nachricht wurde übrigens vor einigen Jahren auf dem französischen Kanal TF1 im Heute-Journal verbreitet – als habe es nationale Bedeutung. Hinterfragt wurde dieses Angebot von Unternehmen nicht.

Als Fazit des Kapitels fasse ich folgende Gesichtspunkte für Sie zusammen:

1. Die Empfehlungen, bis wann Kinder ohne digitale Medien aufwachsen sollten, reichen von zwei bis 13 Jahren.
2. Es gibt keine eindeutigen Bezüge, wann Missbrauch beginnt, aber Richtlinien: So können wir davon ausgehen, dass bei Kindern bis zum 13. Lebensjahr der tägliche Gebrauch eines Bildschirms von mehr als 1,5 Stunden ernsthafte körperlich Risiken birgt und die Änderung von neuronalen und seelischen Entwicklungsprozessen provoziert.
3. Vertrauen Sie Ihrem Grundgefühl, das meint: „Ich mag es nicht – es fühlt sich irgendwie nicht gut an; es entsteht Leere zwischen mir und dem Anderen!" Das kann den Medienkonsum unseres Kindes betreffen, aber auch den unseres Partners.

4. Folgen des Missbrauchs digitaler Medien körperlicher und seelischer Natur sind vielfältiger Art und weisen Störungen des ganzheitlichen Systems auf.

10. Eltern und Kinder – begleiten und angstfrei verantwortlich sein

In den Kapiteln zuvor habe ich auf viele neurodidaktische Grundlagen unserer Fähigkeit des Lernens hingewiesen. Und allseits akzeptiert ist die Tatsache, dass je mehr ein Kind bereits weiß, desto besser geht es mit Neuem um und desto besser kann es lernen, weil die Aufnahmefähigkeit bereits trainiert wurde. Wenn die Kinder vielseitig sind, Musik machen, sich bewegen, sich kreativ betätigen, sich vielleicht in Vereinen organisieren etc., dann haben sie eine Basis, von der aus sie leben und entscheiden, lernen können. Eine Garantie gegen die Sehnsucht nach digitalem Spielen und dem Allseitsgebrauch des Handys ist dies aber leider nicht. Daher sind wir als Eltern und sind Pädagogen auch gefragt, bestimmte Leitlinien zu kennen und sie möglichst sofort und konsequent einzurichten, sobald der Gebrauch des Computers oder Smartphones beginnt. Demgemäß heißt es ja auch so schön: Wer noch nicht hat, hat es leichter! Will sagen, dass der Kauf des eigenen Smartphones so spät wie möglich erfolgen sollte, weil die Erziehungsberechtigten am selben Tag mit ein paar Regeln zu beginnen haben (und diese durchsetzen sollten), wenn sie ihrem Kind Gutes tun möchten, wenn sie an der ganzheitlichen Gesundheit ihres Kindes interessiert sind. Auf die Vernunft bauen, dass die Kinder dasjenige, was sie am liebsten tun, nämlich mit einem kleinen Apparat (fast) alles tun zu können, in einem eigenen Zeitmanagement kontrolliert von sich aus tun, können wir dabei nicht – Entwicklungspsychologen sagen, bis zum 20. Lebensjahr nicht, denn bis dahin reift unser Gehirn und unsere Fähigkeit des „globalen Ein-sehens", des Überblicks der Zusammenhänge: Was hat mein Tun für Folgen? Diese Kapazität wird erst im Erwachsenenalter, wenn überhaupt und in welchem Ausmaß, erreicht.

Mittlerweile gibt es Schulen und Klassen, die sich auf einen restriktiven Gebrauch digitaler Medien anhand von strikten Regeln eingelassen haben, um den Schülern das Lernen zu vereinfachen. Hier einige Beispiele:

1. In einer deutschen Schule haben alle Eltern einen Vertrag aufgesetzt und unterschrieben, dass sie ihrem Kind kein Handy mit in die Schule geben. So war der Hauptgrund weg, dass alle Schüler eins haben wollten und somit fühlte sich keiner als Außenseiter. Das Argument: „Alle haben eins und ich will nicht außen stehen!" hatte sich somit erledigt.

2. Andere Schulen verbieten den Gebrauch der Handys im Unterricht und/oder generell im Schulgebäude, inklusive auf dem Schulhof. Ich denke, es ist vorteilhaft, den Gebrauch in der gesamten Unterrichtszeit nicht zu erlauben, vielleicht bis zur Oberstufe. Dann ist es eine allseits anerkannte Tatsache, jeder kann sich daranhalten und die Kinder müssen keine Nachrichten checken, sich nicht die jüngsten Spielergebnisse zeigen, Musikvideos miteinander vergleichen. (Sie sind nämlich selbst davon gestresst.)

3. Auch gibt es Schulen, in den sich die Eltern zusammentun und beschließen, dass ihre Kinder erst ab einer bestimmten Zeit abends ihre Nachrichten lesen, wie z.B. ab 17h, damit die Kinder bei den Hausaufgaben nicht gestört werden. Denn in einer deutschen Studie aus dem Jahre 2015, bei der 500 Kinder und Jugendliche im Alter zwischen 8-14 Jahren befragt wurden, wurde festgehalten, dass die Hälfte aller Schüler sich vor allem bei den Hausaufgaben abgelenkt fühlte.

4. In derselben Studie, die übrigens in der Tagesschau gesendet wurde, gaben 24% der Schüler an, dass die viele *Nachrichterei* sie nerve, da sie ja auch immer gleich wieder beantwortet werden müsse; 20% sagten, dass sie durch das Handy in der Schule schlechter geworden seien und 8% befanden selbst, dass sie an der Grenze zur Sucht seien.

Leider können wir Erwachsenen bei Kindern und Jugendlichen nicht davon ausgehen, dass sie sich selbst abgrenzen, indem sie ihre Mitschülern beispielsweise überzeugen, die Nachrichten erst spät zu lesen, denn dieses eigenständige Einwirken würde Mut erfordern – Mut zu einer klaren inneren Abgrenzung zu den Freunden. Diese Beherztheit, die einer Art Zivilcourage gleichkäme, können wir bei jungen Menschen mitnichten voraussetzen. Daher ist es wichtig, dass unsere klaren Regeln und das Achten auf die Einhaltung derselben, den Kindern und Jugendlichen helfen, auch, weil wir ihnen die Entscheidungen, die ihnen selbst zu treffen schwerfallen, abnehmen. Der klare Rahmen unterstützt sie und beruhigt sie letztendlich. Das meine ich auch mit der Aussage, dass WIR unseren Job tun müssen und uns diesem nicht entledigen können, auch, wenn unser eigenes Leben oft voll und ausgereizt erscheint. Es ist heutzutage wichtiger denn je, da zu sein, zuhause zu sein, auch, um die Kinder sinnvoll zu begleiten: Dazu gehört die Kontrolle, dass sie die eingesetzten Regeln einhalten. Interessanterweise hat selbst Steven Jobs, der Erfinder des iPads gesagt, dass diese nichts für Kinder seien und dass sein Neffe daher keines bekäme. Der Erfinder hat also durchaus erkennen können, welche Risiken seine kleinen Maschinen mit sich bringen.[91]

Was im Rahmen der Medienkompetenz vom Bundesministerium für Familie, Frauen, Senioren und Jugend herausgegeben wird, gefällt mir nicht.[92] Sie können sich gerne daran orientieren, unter dem Stichwort Medienkompetenz. Es werden Ratschläge gegeben, es werden auch kindgerechte Suchmaschinen vermittelt, und immer wieder lachende Mütter mit frohen kleinen Kindern am iPad gezeigt, mit dem Konsens: Vor dem 3. Lebensjahr nicht alleine surfen. Vielleicht haben Sie aufgrund der zusammengetragenen Recherchen in diesem Buch nun eine konkrete Idee, weshalb ich das 3. Lebensjahr einfach für zu früh halte. An dieser Stelle würde ich, wenn für Sie nicht anders denkbar, auch einen Unterschied zum Fernsehen machen wollen: Kurze, 20-minütige Serien zu schauen, ist eines, das Kind mit dem Internet vertraut zu machen, etwas anderes. Manfred Spitzer stellt in einem Interview[93] des SWR1, 2017, treffend fest, dass er gegen ein zu frühes Heranführen an digitale Medien sei, denn wir machten doch auch kein Alkohol-Kompetenz-Training im Kindergarten, um zu lernen, wie man damit umgehe, um kein Alkoholiker zu werden! Das ist nicht nur sinnig zusammengefasst, es trifft auch den Kern: Weshalb im 3. Lebensjahr? Weshalb nicht dann ein Training absolvieren, das ja durchgeführt werden soll, um Missbrauch, also Sucht zu verhindern, wenn ein Mensch kognitiv reifer ist? Da reicht das 10. Lebensjahr allemal aus! Ich zitiere Manfred Spitzer in diesem Kapitel so oft, nachdem ich Gerald Hüther das 9. Kapitel gewidmet habe, weil er die

---

[91] Zitiert aus dem Telefoninterview mit M. Spitzer, Funkwissen 2018: https://www.youtube.com/watch?v=cn4M3ZYV5-o

[92] https://www.bmfsfj.de/bmfsfj/themen/kinder-und-jugend/medienkompetenz/medienkompetenz-staerken/75350

[93] https://www.youtube.com/watch?v=oLCOzpwuYE8

Fakten einer zu frühen Heranführung an digitale Medien m. A. n. gut zusammenfasst. Ich gehe mit ihm d'accord, dass das Entscheidende eben das Alter sei! Ich muss nicht mit sieben Jahren das Programm *PowerPoint* erlernen, mit 13 Jahren macht es entwicklungspsychologisch und neurodidaktisch viel mehr Sinn!

Was ist mein Ansatz für Sie im Begleiten der jungen Menschen? Einerseits, so spät wie möglich das Smartphone und den Computer im Kinderzimmer einführen, andererseits die Schulen, die Lehrer und das Umfeld des Kindes mit einbeziehen, wenn es um den sinnvollen Gebrauch geht und drittens, wenige klare Regeln im Gespräch mit dem Kind festlegen, um diese dann auch einzuhalten. Welche Regeln helfen Ihnen, helfen uns Erwachsenen und den Heranwachsenden?

Ich möchte abschließend einige Leitlinien nennen, zusammengetragen aus Interviews, Fernsehsendungen, Zeitungen, aus Gesprächen mit Kinderärzten und Lehrern:

1. **So spät als möglich das eigene Handy kaufen.** Ich selbst habe es bei meiner Tochter bis zum 11. Lebensjahr herausschieben und somit eine gewisse Denkfähigkeit voraussetzen können. Wenn Sie Ängste bezüglich der Sicherheitsfragen im Alltag des Kindes haben, reicht mit dem Schuleintritt erst einmal ein einfaches Handy zum Telefonieren.

2. **Versuchen Sie in der Schule mit anderen Eltern zu sprechen und sich auf gemeinsame Regeln einzulassen!** Sprechen Sie auch mit dem Klassenlehrer! Die Voraussetzungen gemeinsamer Absprachen stärken die Kinder in der Unterrichts- und Hausaufgabenzeit.

3. **Das Schauen, auch von Serien im Fernsehen begleiten!** Wenn Sie nicht dabei sein können, dann haben Sie die Uhr im Auge. Klären Sie mit Ihrem Kind vorher, was bzw. wie lange es jetzt schauen darf. (Dann wird es beim Ausmachen immer noch Ärger geben, weil das Kind lustgesteuert ist, aber es wird sich daran gewöhnen, Ihrem Wort zu folgen.)

4. **Haben Sie keine Angst vor Autorität!** Dass die Kinder sich beschweren, dass sie frustriert sind, ist normal. Wir können ihre Vernunft im Zusammenhang mit dem Bildschirm nicht voraussetzen, aber unser Wissen und unseren eigenen Überblick. Seien wir überzeugt von dem, was wir tun.

5. **Jüngere Geschwister auf dem Weg begleiten!** Trauen Sie sich und dem Kind zu, Dinge zu verbieten, die der Ältere zuhause bereits darf. Erklären Sie, weshalb ein 13-Jähriger einen anderen Zugang zum digitalen Medium hat als ein Sechsjähriger. Führen Sie dazu auch eine Familiensitzung durch, sodass jeder den Hintergrund Ihrer Handlung und Haltung versteht.

6. Apropos **Zeitmanagement**:

   Abends das Handy in die Schublade legen! Machen Sie genaue Zeiten aus und halten Sie diese ein! Sei es vor oder nach dem Abendessen das Gerät außerhalb des Kinderzimmers, immer an demselben Ort, ablegen. Das ist sehr wichtig: Vor dem Schlafengehen noch aufs Handy zu schauen, irritiert die innere Uhr! Dies gilt für Erwachsene und für die Kinder: Wenn Lichtrezeptoren das Blaulicht (vom Bildschirm) vorspielen, gibt es die Information an die innere Uhr weiter, es sei noch Tag. **Das Blaulicht verhindert**

das Gehirn jedoch an der Ausschüttung des Schlafhormons Melatonin, dadurch schläft man schlechter, bis zu zwei Stunden weniger Schlaf im Vergleich zum Lesen eines Buches mit der Nachttischlampe. Das ist eine neurologische Tatsache. Emotional gesehen hält der Gehalt der Nachrichten ebenfalls aktiv, er wühlt auf und deswegen provoziert er Einschlafstörungen. Die Folge: Die Betroffenen sind morgens in der Schule müde und unkonzentrierter; dies wiederum behindert ihre Leistungsfähigkeit. **Alle Familienmitglieder halten sich an Zeiten des AUSSCHALTENS!** D.h. bei Mahlzeiten gemeinsam auf das Smartphone verzichten. Somit gibt es bewusst eingeleitete Phasen des Erzählens, Mitteilens und des Austauschs.

7. **Handyfreie Zonen einrichten**! Bei Besuchen, auch die von anderen Kindern, reales Spielen bevorzugen: Denken wir daran, dass alles gemeinsame Tun mehr in der Erinnerung bleibt, lebendiger ist und stärkeren nachhaltigen emotionalen Wert besitzt als das „Zocken vorm Computer".

8. **Das Gefühl der Freundschaft braucht ein Fundament.** Und das sind gemeinsame Erfahrungen, an die wir uns später erinnern. Klar werden sich die Kinder auch daran erinnern, mit wem sie Handy gespielt haben. Hat das jedoch etwas mit dem Charakter des Menschen, mit seinen Eigenschaften und persönlichen Anteilen, mit Empathie, Feinsinn, Konfliktfähigkeit oder Liebenswürdigkeit zu tun? Auf dem Fundament der Freundschaft kann man auch mal gemeinsam *Musically* spielen; aber gemeinsame Erlebnisse sind die Basis der emotionalen Bindung.

9. **Regeln für das Kind und den Erwachsenen erstellen!** Sich daran auch zu halten, ist fundamental, auf dass wir beispielhaft wirken können, auf dass die Heranwachsenden auf unsere Glaubhaftigkeit bauen können.

10. **Miteinander Zeit verbringen, gemeinsam kreativ sein und spielen**. Die Kinder werden es uns danken, sich daran erinnern und lernen. Ein zeitlich begrenzter Handygebrauch ist weniger dramatisch, wenn es das starke Gefühl von Familie und Zusammenhalt, von Vertrauen gibt.

Wir Menschen lernen durch vorgelebte Haltung. Man nannte es einst moralische Handlungen. Heutzutage ist dieser Begriff außer Mode gekommen. Vielleicht auch deshalb, weil Konsumstreben, Expansionsgier, Geld und Macht moralisch wirkende Werte sind, die als solche nicht benannt, umso mehr jedoch allseits ausgelebt werden. Nennen wir es also Ethik – die Ethik des Miteinanders, die Ethik einer aufrechten inneren Haltung. Alle Kinder und Heranwachsende lernen von uns Großen, indem sie uns beobachten, uns imitieren, uns kopieren und sich mit uns auseinandersetzen (dürfen). Eine enkeltaugliche Zukunft – so der Slogan von Oya[94], eines Magazins und einer Gemeinschaft, die ich unterstütze – setzt auf Erfahrungen und Erinnerungen an eine miteinander verbrachte, als wertvoll empfundene, Sinn gestiftete Zeit. Ich gebe Ihnen dieses Buch auch mit auf den Weg, auf dass Sie ein paar Regeln zur Nutzung digitaler Geräte aus Überzeugung durchsetzen können, mit dem Wissen, dass Sie dem heranwachsenden Menschen etwas Gutes tun:

[94] https://oya-online.de. Dort heißt es: „Oya ist eine Zeitschrift für alternative Lebensweisen, die nicht der westlich geprägten Konsumgesellschaft entspricht." Und für mich geht es darum: Wie bauen wir gemeinsam eine enkeltaugliche Zukunft?

Regeln, die aus Gewissheit hergeleitet werden sind allemal besser als solche, die nur wiedergekäut und reproduziert werden.

Begleiten wir in der Komplexität des Lebens, des Alltags, der globalen Welt; begleiten wir mit Austausch, mit Fragen und mit Überzeugungen und Positionen. Manches Mal ein Außenseiter zu sein, im Bezug der Bildschirmnutzung, muss nicht traumatisch wirken; es kann den Menschen auch stärken. Vielleicht ist das „schwarze Schaf" ja ein goldenes? (Mehr als die Hälfte meiner PatientInnen begleite ich in dieser Gabe, außerordentlich zu sein, ihre Andersheit zu leben und sich weder anpassen noch mit anderen vergleichen zu müssen. Schließlich ist Einzigartigkeit eine Stärke und Chance. Für alle.)

Auch an dieser Stelle möchte ich grundsätzlich folgende Punkte zusammenfassen. Andere finden Sie in der abschließenden Checkliste:

1. Legen Sie klare Regeln fest und achten Sie auf die Einhaltung. Durch Regeln nehmen wir den Kindern und Jugendlichen die Entscheidungen ab, ein klarer Rahmen unterstützt und beruhigt sie letztendlich.
2. Seien Sie sicher im Anlegen der aufgestellten Regeln! Der Heranwachsende braucht diese Sicherheit. Er braucht dieses Gefühl, dass Sie wissen, was sie tun.
3. Seien Sie Vorbild: Alle Kinder und Heranwachsende lernen von uns Großen, indem sie uns beobachten, uns imitieren, uns kopieren und sich von uns abgrenzen.

11. Der authentische Mensch oder über die Grundlagen lebendiger Kommunikation

Was ist Authentizität? Wie fühlt sie sich an? Ist sie digital zu erlernen? Muss sie erlebt, gelebt, entwickelt werden, wie die Empathie? Authentizität als sichtbare und nichtsichtbare Form – physisch und psychisch, verbal und nonverbal.

Das *Authentisch Sein* ist heutzutage in Europa in aller Munde. In unseren Breitengraden ist es ein Wert, ein gesellschaftlich anerkannter Wert, als sei jeder Star, jeder Superstar, jeder Weltstar im Zeitalter der Superlative ein authentischer Mensch. Viele PR-Abteilungen arbeiten bienenhaft daran, ihre Schützlinge authentisch erscheinen zu lassen. Ist das nicht bereits ein Widerspruch? Authentizität ist kein Schein, sondern eine manifeste Charakterausbildung, die zusammenfasst, dass ein Mensch Haltung hat, dass er sich nicht „wie ein Fähnchen im Winde dreht", dass Mimik, Geste und Denken übereinstimmen: dass dieser Mensch sagt, was er denkt. Dass er dasjenige, was er wahrnimmt und denkt in Übereinstimmung liegt mit dem, was er ausspricht. Ich mag es so beschreiben: Dasjenige, was ein Mensch wahrnimmt und fühlt sowie seine Gedanken kulminieren in seinem Denken und dieses befindet sich auf dem energetischen Niveau der Ideen (das ideelle Niveau). Sie sind auch für Andere spürbar, nämlich wie jemand fühlt und denkt. Wir nehmen es beispielsweise wahr, wenn wir in der U-Bahn oder im Bus neben einem Menschen sitzen und spüren, dass wir dort eigentlich nicht länger sitzen bleiben möchten: Etwas ist uns unangenehm; der Mensch in seiner „Ausstrahlung" ist uns unangenehm. Was wir in diesem Moment tatsächlich wahrnehmen, ist sein Energiefeld, aufgeladen mit seinen Emotionen, Gedanken und resümierend mit seinem Denken.

Dass dieses Fühlen und Denken jedoch in Übereinstimmung mit dem Ausdrücken, mit der Rede sei – dies ist für die Definition von Authentizität entscheidend, denn das Niveau des Sprechens ist dasjenige des „in die Welt Bringens“ – von meinem Inneren hinaus in die Welt, in der ich es mit anderen teile – in der ich meine Gefühle und Gedanken in die Welt bringe. Es ist dies das Niveau, auf dem sich meine Ideen materialisieren und im Wort konkret werden. Ich verschaffe mir Gehör. Ich habe etwas zu sagen (oder zu schreiben). Etwas wird vom Innenraum in den Außenraum transportiert. In diesem Sinne bedeutet authentisches Sein, dass der Innen- und Außenraum übereinstimmen. Wenn der Mensch, der in der U-Bahn oder im Bus neben Ihnen sitzt, zu sprechen beginnt, mit freundlichen Worten, Ihnen seine Energie und seine Mimik aber immer noch unangenehm, ja gar unsympathisch sind, auf welchen Ausdruck des Seins würden Sie vertrauen? Auf dasjenige, was Sie sehr wohl wahrnehmen und spüren oder auf die Worte, die Sie hören? In unseren Breitengraden sind wir dazu erzogen worden, dass Worte mehr wert seien als subjektives Empfinden. Doch wie Friedrich Nietzsche bereits in einem seiner „moralischen Aphorismen“ schön beschrieb, als er formulierte, dass man wohl mit dem Munde lüge, aber mit dem Maule, das man dabei macht, doch immer noch die Wahrheit sage.

In Europa sind wir dazu erzogen worden, den Worten mehr zu glauben als unseren Wahrnehmungen. Wie oft hören wir – und dies meistens von männlichen Menschen: „Na also! So kannst Du es wirklich nicht sagen: Das ist doch nur subjektiv!“ Diese zum Ausdruck gebrachte Ansicht halte ich für falsch. Denn dasjenige, was und wer wir sind, liegt vor dem verbalen Ausdruck: Reden können wir 'ne ganze Menge und dies kann sogar im Widerspruch zu unserem ideellen Niveau stehen. Allein das Subjekt, wir, sind jedoch der Maßstab dafür, was wir wahrnehmen und als gut oder als schlecht empfinden, aufgeladen von unserer Biografie und unserem Lernen, unseren Erfahrungen und Analysen. Es gibt nichts anderes als den subjektiven Standpunkt, denn der Mensch ist nicht in der Lage, über sein „SoSein" tatsächlich in eine resonanzfreie Ebene zu gelangen: Objektivität ist dem Menschen schlicht und ergreifend unmöglich! Wir haben immer einen Standpunkt, bewusst oder unbewusst, von dem aus wir urteilen und bewerten. Die Grundlagen einer lebendigen Kommunikation zwischen Subjekten ist schwierig und komplex genug, denn der zu verhandelnde Inhalt ist eines, dasjenige, worüber ich spreche, die Beziehungsebene jedoch, von wo aus ich her spreche, eine andere, so nach dem österreichisch-amerikanischen Psychotherapeuten und Kommunikationswissenschaftler Paul Watzlawick: „In der menschlichen Relation besteht dieselbe Relation zwischen Inhalts- und Beziehungsaspekt: Der Inhaltsaspekt vermittelt die ‚Daten', der Beziehungsaspekt weist an, wie diese Daten aufzufassen sind."[95] Die gute Formulierung und der gleichnamige Titel des Buches „Man kann nicht **nicht** kommunizieren" verweist uns auf die verschiedenen Ebenen einer Kommunikation, auf die verbale und nonverbale, sichtbare und unsichtbare sowie auf umfassende Inhalte, die stets, bewusst oder unbewusst, mit vermittelt werden, und zwar unabhängig unseres Willens oder gar unserer Kontrolle. Die menschliche Kommunikation ist ein ausgedehntes Feld wie weit verzweigte, unterirdische Rinnsale, die in einen See münden. Dabei sind wir Gärtner, die die Landschaft gestalten. So tief-sinnig es ist, so reich und geräumig ist es.

[95] Paul Watzlawick: „Man kann nicht nicht kommunizieren", Verlag Hans Huber, Bern, 2011, 1. Auflage

Dasjenige, was *authentisches Sein* weiterhin so schwierig macht, ist die Tatsache, dass es gesellschaftlich weitreichend nicht kompatibel ist. Der authentische Mensch verleugnet seine Meinung nicht, nur um einen Job zu bekommen; er täuscht keine Fassade vor, um in der Arbeitswelt beliebter zu sein; er ist kein Opportunist. Er wagt sich, Farbe zu bekennen, auch wenn diese Farbe seinem Gegenüber oder den Freunden weniger gefällt. Der authentische Mensch ist in der Lage, sich selbst in seinem Fühlen, Denken und Sprechen zu überprüfen. Der Maßstab für Wahrhaftigkeit ist dabei das ehrliche Sein zu und mit seinem Selbst – und nicht die Konformität der jeweiligen gesellschaftlichen Gepflogenheiten. Die Inhaltsebene bleibt von der Ebene der Beziehungen recht ungetrübt, wenn ich etwas zu teilen habe, was mir wichtig ist.

Als authentisch gilt, wenn zwei Aspekte der Wahrnehmung, nämlich Schein und eigentliches Sein, sich decken. Denn nur wer ist, was er ist und wer er ist, wenn die Inhaltsebene eines zu verhandelnden Gegenstandes und die Subjektebene, die Person als Ganzes sich treffen, kann Glaubwürdigkeit beanspruchen. Kinder beispielsweise bemerken sehr schnell, ob wir tatsächlich, meint physisch und psychisch da sind oder bei der physischen Anwesenheit doch innerlich abwesend und ganz woanders sind[96]; sie spüren, ob das, was wir sagen, mit dem, was wir denken, übereinstimmt. Kurz: Kinder sind sehr feinfühlig für all das, was *Atmosphäre* mit sich bringt. Weshalb? Und letztendlich ist Authentizität etwas Fühl- und Sichtbares, noch bevor ein Jemand das Wort ergreift.

Nach den Kapiteln über *Empathie* und *die Entwicklungsstufen des Selbst* haben Sie eventuell eine Idee,

---

[96] Unterscheidung nach dem französischen Psychoanalytiker André Green: „Die tote Mutter"

weshalb Kinder im nonverbalen Raum so feinfühlig sind: Weil Sie dem Innenraum der Mutter, dem vorgeburtlichen (pränatalen) Leben sowie der ersten postnatalen Phase nach der Geburt noch stärker verbunden sind als wir Erwachsenen. So ist es beim Stillen ja nicht eine Frage des „Gesprächs", wie sich das Kleine in Ihrem Arm fühlt, sondern eine Frage der Atmosphäre, dessen „was in der Luft liegt". Die Neugeborenen nehmen wahr, wie die Stimmung im Raum ist, wie sich die Mutter tatsächlich fühlt, ob sie traurig, einsam oder frohen Herzens ist, ob Spannung oder Frieden im Zimmer herrschen, wie der Raum energetisch aufgeladen ist. Als meine Tochter zweieinhalb Jahre alt war, sprach sie an einem gemeinsamen Bettabend aufgeregt, bei dem ich ihr aus einem Kinderbuch über Geschwisterchen, Schwangerschaft und Geburt vorlas: „Mama, genau so war es! Ich wollte noch sooo gerne lange dadrinnen bleiben. Es war so viel Wasser, so viel Wasser! Ich wollte gar nicht raus ..." Tatsächlich war unsere Tochter nach zweiunddreißig Stunden Geburtsprozess im Geburtshaus ein Kaiserschnittkind, das „nicht kommen wollte" und als ihre eigenen Herztöne schwächer wurden, schließlich geholt werden musste, aus dem Innenraum hinaus in den Außenraum, übergangslos. Zugefallenerweise hatten mein Partner und ich ihr bereits zwei Vornamen zugedacht: Nacht und Tag – von der Dunkelheit ins Licht. So kam sie übergangslos, ohne sich durch den Tunnel zu schieben, sogleich vom Innen ins Außen.

In der *Psycho-Spirituellen Seelenbegleitung*, in meiner Therapieform, gibt es einige Patienten, die bis in die nachgeburtliche postnatale Zeit zurückgehen (müssen), um festzustellen, weshalb sie sich zeit ihres Lebens allein fühlten oder einsam waren. Manche entdecken dank einer Reise zu ihrem Selbst: Im vor- und nachgeburtlichen Leben befand sich ihre Mutter in Depression oder in schwerer Trauer um einen geliebten Menschen und war daher „abwesend". Sie war zwar physisch da. Sie war ansprechbar. Sie funktionierte. Ihr Innenraum jedoch, ihre energetische Präsenz, ihre Gedanken, ihr ideelles Niveau waren abwesend, waren woanders. Sei es in ihrer Melancholie und Traurigkeit gefangen, genährt von dunklen Pfaden oder bei dem Verlust des geliebten Menschen. „Du bist mit den Gedanken nicht bei mir!", hören oder spüren wir des Öfteren. Nun ja – eigene Gedanken sind die Basis, die unterhalb der Worte liegen. Die energetische Präsenz, die innere Fülle oder innere Abwesenheit lügen nicht, können nicht täuschen. Worte schon. Der französische Psychoanalytiker André Green, den ich selber in Paris noch kennenlernte, hat dieses Phänomen der „Abwesenheit bei gleichzeitiger Anwesenheit" (l'absence dans la présence) in seinem Aufsatz „Die tote Mutter" wunderbar erforscht.[97] Ich möchte mit Ihnen einige Gedanken aus seinem Buch teilen bzw. fortführen, weil authentisches Sein mit Wahrhaftigkeit einhergeht und diese meint, dass das bereits angesprochene ideelle und materielle Niveau, dass das energetische und veräußerte Niveau übereinstimmen, dass Gedanken bis zur Veräußerung in Wort und Schrift einen kraftvollen reinen eigenen Raum ab-bilden.

Der Aufsatz „Die tote Mutter" ist mir bis heute im Gedächtnis verankert geblieben, obwohl ich mich vor mehr als 25 Jahren bei meinem Studium in Paris damit beschäftigte, zu Beginn der 90er Jahre! Zweifelsohne ist dies so aufgrund eines eigenen Resonanzfeldes, einer Verbindung des Gedachten und Bezeugten, das sich in mir eingrub. Worum geht es in diesem Text? Ich habe die Thesen Greens weitergedacht und aktualisiert, um aufzuzeigen, was permanente

[97] André Green, „Die tote Mutter – Psychoanalytische Studien zu Lebensnarzissmus und Todesnarzissmus", ab S. 233, Psychosozial-Verlag, Gießen, 2004, erste Auflage

innere Abwesenheit beim Gegenüber, beim Kind produzieren kann: eine Leere, die unbedingt gefüllt werden muss. Als „Abwesenheit bei gleichzeitiger Anwesenheit" gilt ein permanenter Gebrauch digitaler Geräte – währen das Gegenüber sucht und sucht und: nichts findet. Keine Zeit, keine Lebendigkeit, keine Reziprozität, keine Kommunikation, keine Antwort: Antwortlosigkeit.

Es geht in diesem Artikel der 80er Jahre um Frauen, um Mutter-Frauen, die aus verschiedenen Gründen im Schmerz gefangen sind und ihr Kind „nicht wirklich" lebendig empfangen können. Sie sind da, ohne da zu sein. „Die tote Mutter ist also, anders als man zunächst glauben könnte, eine Mutter, die am Leben bleibt, die aber sozusagen psychisch tot ist, tot in den Augen des kleinen Kindes, für das sie zu sorgen hat."[98] André Green, der zunächst eine Psychoanalyse als Therapie mit einem Analytiker durchführte und im Anschluss mit einer Analytikerin, mit Catherine Parat, erkannte in der zweiten Analyse, dass seine eigene Mutter an Depressionen gelitten hatte, als er auf die Welt gekommen und ein Kleinkind gewesen war. Nach eigenen Aussagen war es ihm erst mit einer weiblichen Analytikerin überhaupt möglich, in der Übertragung und Spiegelung dieses sehr frühe, quasi postnatale Erlebnis zu beleuchten, das er daraufhin auch als den „Komplex der toten Mutter" beschrieb – ein komplexes seelisches Leiden, das sich als Problem nicht im Alltag, sondern in der Psychoanalyse erst offenbarte. Weshalb? Im realen Leben sind die Kinder einer „seelisch abwesend" gewesenen Mutter gesellschaftlich wunderbar kompatibel: Sie funktionieren gar hervorragend. Sie gelten eher als Workaholics. Sie suchen geradezu die Arbeit, Beschäftigung, das Machen. Sie sind Checker. Oder wie eine Patientin so treffend formulierte: „Ich

---

[98] ebda., S. 233

bin beruflich total erfolgreich und habe eine 80-Stunden-Woche. Ich habe eigentlich nur ein Problem, wenn ich nichts zu tun habe, wenn es still um mich herum wird. Da falle ich in ein endlos tiefes Loch, in ein galaktisches Loch, das ich mit nichts zu stillen vermag. Ich falle haltlos hinab, tiefer und tiefer, und nichts bleibt, womit ich mich behaupten könnte. Alles wird sinnlos. Nichts zählt mehr." Kennen Sie dieses Gefühl? In der Stille haltlos zu sein? Diese Beschreibung ist zwar dramatisch und zeigt den „Komplex der toten Mutter" in seinem gesamten Ausmaß. Meiner Ansicht nach ist es jedoch nicht so selten, wie wir denken. Dieses Phänomen einer „weißen Depression", wie Green so treffend formulierte, weil sie sich nicht dunkel und schwer anfühlt wie eine normale Depression, hat verschiedene Grade der Ausbildung. Ob eine Mutter durch den Tod der Schwester innerlich abwesend war oder weil sie gedanklich stets abgelenkt wurde, macht natürlich in der Wirkung auf das Kind ganz klare Unterschiede. Und in der Theorie Greens muss es eine „plötzliche Katastrophe" sein, die auf das Mutter-Kind-Verhältnis hereinbricht und zu einem unerwarteten Liebesentzug führt: aus Glück und Bindung wird Einsamkeit und Bruch.[99] Ich habe dank meiner Beobachtungen die These erweitert und festgestellt, dass es sich um Mütter handeln kann, die eine Fehlgeburt erlitten, die den Tod eines geliebten Menschen erlebten, aber eben auch um jene, die unglücklich, im Leid gefangen sind oder die über lange Perioden emotional in der Präsenz abwesend sind. Welche Ursachen auch immer wirken: Der Mutter ist es über längere Zeit hinweg nicht möglich, ihrem Kleinkind mit voller affektiver Aufmerksamkeit zu begegnen. Die „weißen" seelischen

---

[99] ebda., S. 241

Leiden[100] fasst Green treffend so zusammen: „[...] ein massiver, radikaler und zeitlich begrenzter Besetzungsabzug, der im Unbewussten Spuren in Form ‚psychischer Löcher' hinterlässt, die mit Wiederbesetzungen ausgefüllt werden."[101] Für unseren Zusammenhang ist entscheidend: dass in frühester Kindheit, nach der Geburt bis ins Kleinkindalter, „innere Löcher" entstehen, die im Unbewussten tief verankert sind, und die „gefüllt" werden müssen, um überleben zu können. Ein menschliches Wesen könnte mit der bewussten Existenz eines inneren Loches nicht überleben, würde bevorzugen, sich sterben zu lassen. Dieses *Nichts*[102] muss gefüllt werden, komme was wolle, auf dass es nicht ins Bewusstsein hervortrete. Das *Nichts* nämlich ist als ein sehr großer Schmerz zu fühlen, der den Menschen quasi implodierend vollkommen erfüllt, ausfüllt.

Als hervorragend geeignetes Füllmittel der Leere, des Loches, des Nichts gilt die Sucht: Sucht auf Sex, auf Begierde, auf Schmerz, auf intensive Gefühle schlechthin, auf Arbeit, auf gesellschaftlich erlaubte und verbotene Drogen, auf Kunst, auf Dramatik, auf die flächendeckende Digitalisierung des Alltags ... Sie merken: Das Objekt der Sucht ist frei – es ist die unbedingte Sehnsucht nach Füllung, die uns von einer frühen Abwesenheit erzählt. Über dieses „innere Loch" wird quasi ein Gitter, ein Netz gelegt, auf dass wir nicht fallen, hinein in den Brunnen ohne Boden. Und nun schließe ich den Kreis meiner Überlegungen und komme zum Thema der Digitalisierung und im Gegenzug zur Betonung eines wahrhaften authentischen Lebens zurück: Eine

---

[100] Dazu zählen: Weiße Halluzinationen, weiße Psychosen, weiße Trauer und weiße Depressionen, die sich allesamt im Kern mit der Leere auseinandersetzen.

[101] ebda. S. 237

[102] Die zeitgenössische europäische Psychoanalyse, Literatur und Philosophie ist voll von dem Thema des Nichts, insbesondere im Französischen mit Autoren wie M. Blanchot, G. Bataille, M. Duras.

ganzheitlich anwesende, lebendig affektive, voll da-seiende Mutter ist eine große Chance, auch eine gesellschaftliche. Eine über lange Strecken psychisch abwesende Mutter produziert in ihrem Gegenüber, dem Neugeborenen und Kleinkind ein bestimmtes Phänomen, das wir mit „innerer Abwesenheit" bezeichnen.

Wenn ich dieses Thema in Seminaren bespreche, dauert es – verständlicherweise – nicht lange, dass sich Mütter schuldig fühlen; schuldig dafür, dass sie nicht genügend dies oder jenes getan hätten, sollten und wo in diesem Themenbereich denn die Väter seien? Im Themenkreis der „Abwesenheit bei Anwesenheit" geht es aber nicht um Väter und auch nicht um Mütter, die zwischendurch mal abwesend sind, die zwischendurch mal abwaschen gehen ... Es geht um innerlich abwesende Mutter-Frauen, um solche, die über lange Zeit hinweg gedanklich nicht da sind, nicht bereit sind, die zwar physisch da sind, aber während sie Dinge ausführen und also funktionieren, innerlich ganz woanders sind. Lassen Sie mich eines unterstreichen: Schuld gibt es nicht. Fehler sind menschimmanent. Und in der tiefenpsychologischen Theorie des Prä- und Postnatalen untersuchen wir Auswirkungen der vorgeburtlichen und nachgeburtlichen Zeit auf das Kind. Ich halte es für eine Tatsache, dass dank der biologischen, also körperlichen Entstehung des menschlichen Wesens die Mutterrolle eine zweifelsfrei ganz besondere ist. Dafür müssen wir uns nicht zu ent-schuldigen versuchen. Wir müssen die Verantwortung aber auch nicht von uns weisen. Denn nur, wer Schuldgefühle fühlt, daher geschwächt ist und diesen Themenkomplex abwehren muss, hat es schwer, sich auf Überlegungen der Mutter-Frau-Rolle einzulassen. Eigentlich und ganz präzise haben die Frau und die Mutter-Frau eine ungeheure Kraft und Macht, eben weil sie es sind, die seelisch den energetischen kreativen visionären Raum begründen, der vor- und nach der Geburt bereits zu reifen beginnt.

Meine Beobachtungen im Bezug zur Digitalisierung unserer Kinderzimmer haben ergeben: *Ein pausenloser Smartphone Gebrauch, wenn das Kleinkind dich sucht, deine Augen sucht, wirkt wie Leere, IST Leere.* Vielleicht klingt es dramatisch, so dramatisch wie die Patientin von ihrer Leere sprach, aber es ist dramatisch**: Produzierte und also erlebte Leere erfordert wiederum die Füllung derselben und ist somit trans-generativ. *Abwesenheit*** *bei Anwesenheit* erzeugt innere Löcher, die wiederum durch Suchtmittel gefüllt werden müssen und sich somit weitervermitteln, an die nächste Generation. Als gesellschaftlich kompatibles Suchtmittel gilt der tagesdeckende Gebrauch/Missbrauch digitaler Medien. Im „immer online sein" spüren wir die Leere nicht ... Dabei sind digitale Beziehungen von einem Mangel an Menschlichkeit geprägt. Oder wie Watzlawick zusammenfasst: „Überall, wo die Beziehung zum zentralen Thema der Kommunikation wird, erweist sich die digitale Kommunikation als fast bedeutungslos."[103] Denn „Eine Geste oder eine Miene sagt uns mehr darüber, wie ein anderer über uns denkt, als hundert Worte."[104]

Es geht im digitalen Kontext des Missbrauchs nicht darum, dass wir „ab und zu" Anrufe annehmen, dass wir gelegentlich telefonieren, gelegentlich etwas checken, uns Zeit zum Surfen nehmen. Wenn ich jedoch Mütter und Väter sehe, die, wenn sie ihren Kinderwagen schieben, ohne Unterbrechung auf ihr Smartphone starren, energetisch absorbiert sind, während das Kind im Wagen den Menschen im Gegenüber augenscheinlich sucht, wie es den Kontakt zum Anderen sucht, weil dieses Kleinkind kommunizieren möchte, erfahren möchte, Lebendigkeit spüren möchte, und

---

[103] Paul Watzlawick, ebda, S. 27

[104] ebda., S. 28

wenn sich diese Situation täglich mehrmals wiederholt oder gar anhaltend ist, dann haben wir ein Problem: Wir als Gesellschaft haben ein Problem. Wie wollen wir denn leben? Wie wollen wir denn kommunizieren? Voll oder leer? Lebendig oder digital? Unter Menschen oder mit Maschinen? Authentisches Sein lässt sich spüren, daran, wie jemand mit ihnen schweigt, spricht, ist; daran, wie er sich in die Welt vermittelt, wie er teilt, liebt und lebt. Und das IST Beziehung. Wir alle sind in der Lage zu spüren, wo jemand ist, wenn er mit uns ist: Anwesend oder abwesend? Und diese Wahrnehmung lügt nicht. Wenn Sie Ihr Kind stillen, wäre es wunderbar, wenn Sie dabei eben nicht die *eBay Kleinanzeigen* am Smartphone verfolgen würden, denn Sie haben in diesem Moment eine Beziehung; Sie leben in diesem Moment eine Beziehung: Ihr Baby IST mit Ihnen. Es freut sich über den Augenkontakt, über lebendige Liebe, über ein Gespräch ohne und mit Worten.

Ich möchte hiermit unser Bewusstsein dafür erwecken und schärfen, dass jede Beziehung unter Menschen emotional gefüllt und somit ein Augen-Blick der Wahrhaftigkeit ist. Und sicherlich wiederhole ich mich: Aber es gibt Zeiten des *online* Seins und Zeiten des lebendigen Seins. Das eine kann das andere nicht ersetzen. Wenn ich online bin, bin ich nicht mit meinem Gegenüber. Und mit Watzlawick zu sprechen: Wenn ich online bin, kommuniziere ich mit einem Menschen meine eigene Abwesenheit.

Wenn ich mit Kindern Philosophische Ateliers inszeniere und mit ihnen Themen wie „Tod und Leben" erspüre, arbeite ich vorher an meinem Bewusstsein, auf dass es mir möglich ist, ganz präsent, authentisch da zu sein.[105] Die

---

[105] Die philosophischen Ateliers, die ich entwickelt habe, beginnen mit gemeinsamer Meditation, gefolgt von dem Erzählen einer (thematisch ausgerichteten) Fabel, gefolgt vom sich Ausdrücken durch Malen und im Anschluss dem verbalen Ausdruck, der Diskussion.

Qualität meines authentischen Seins entscheidet an diesem Tag über den „Erfolg" des Philosophischen Ateliers; nämlich darüber, ob ich die Kinder treffen und tatsächlich erreichen kann, ob sie dank ihrer Emotionen tief verstehen, ob sie an diesem Tag also eine Bewusstseinsarbeit leisten können. Jeder persönliche Kontakt, jedes Lernen mit einem persönlichen Gegenüber erfordert diese Glaubwürdigkeit: Das Herz und unser Gefühl erfahren und daraus entsteht das kognitive Verstehen, das sich in unserem System verankert.

Authentizität bedeutet, dass das Handeln einer Person in erster Linie nicht durch äußere Einflüsse bestimmt wird, sondern in der Haltung der Person selbst begründet liegt. Wenn das Handeln eines Menschen primär durch äußere Einflüsse bestimmt wird, durch andere wie Gesellschaft, Freunde, Tradition, definieren wir hierzulande als fehlende Authentizität. Gruppenzwänge beispielsweise unterwandern die individuelle Authentizität. Das kennen Sie vielleicht selbst: Wenn Sie als Erwachsener dem Gruppenzwang nachgeben und sein wollen wie ALLE, vielleicht aus Angst zu versagen oder abgewiesen zu werden, verlieren Sie ein Stück Ihrer Identität und Ihrer Einzigartigkeit, indem Sie „gegen sich" agieren und sich von Ihrem eigenen Selbst-Gefühl entfernen. Eine Tatsache, der wir uns quasi ständig unterwerfen, in der Arbeitswelt, in Gruppen von Gleichgesinnten. Für unsere Kinder hat der Gruppenzwang noch eine stärkere Bedeutung, wie Sie dank des Kapitels über „Empathie" und Robert Kegan wissen: Den jungen Menschen geht es um Anerkennung schlechthin, darum, akzeptiert zu werden. In der Entwicklungspsychologie des Menschen ist diese Phase der „Identifikation durch Feedback" zwingend gegeben. Die positive Beantwortung der Frage, bin ich akzeptiert oder nicht, gibt dem jungen Menschen das Gefühl, richtig zu sein, richtig in der Welt, in seiner Welt, die in dieser Phase DIE Welt schlechthin bedeutet. In der Zeit der

Pubertät gelten nicht wir Eltern als Maßstab, sondern die Freunde: Was denken sie über mich? Wie sehen sie mich? Bin ich ergo richtig, so wie ich bin? An dieser Stelle kommt unser Thema der „Digitalisierung des Kinderzimmers“ als einheitlicher Gruppeninhalt phänomenal zum Tragen. Kein Kind möchte außerhalb der Norm stehen. Die Kenntnis der Spiele, die Gruppe des Klassenchats, die Möglichkeit des verbalen Austauschs per Smartphone IST daher spätestens ab der 5. Klasse in den meisten Schulen Europas das primäre Mittel, um dabei zu sein, um Teil zu sein. Vergessen wir jedoch nicht, dass auch ein bewusstes Grenzensetzen durch Kinder und Jugendliche einen Beispielcharakter ausstrahlt: Wer darauf besteht, erst ab 17Uhr seine Chats zu lesen und in der Schule kein Handy zu benutzen, wird ebenfalls Maßstäbe setzen.

Ich möchte auch formulieren: So funktioniert PR, *Public Relations*. So funktioniert die ständige Stimulation des Kauf Akts zur allgegenwärtigen Erhöhung des Konsumindexes: So funktioniert Kapitalismus. Stimulierung natürlicher Bedürfnisse, auf dass sie im Kaufrausch enden und somit zur Erhöhung des Gewinns von Multikonzernen beitragen. (Und dies ist keine marxistisch anmutende Theorie, sondern Realität einer globalisierten Wirtschaft.) Natürlich geht es bei der Digitalisierung der Kitas, des Horts, der Schulen NICHT um das Wohlergehen unserer Kinder, sondern um die vorzeitige Aus-Nutzung einer grundsätzlichen menschlichen Sehnsucht nach Gemeinschaft – gepuscht als Sucht durch allgegenwärtige Präsenz der Werbung. Aus menschlicher seelischer Sehnsucht nach Gemeinschaft und Geborgenheit wird Sucht stimuliert. Wir Eltern stehen nicht selten ratlos daneben, wenn unser Kind ein Smartphone verlangt, auch wenn unsere Haltung den frühen Besitz des Geräts nicht zulässt. Da heißt es: „Aber das haben doch ALLE!“ Oder: „Ich möchte nicht Außenseiter sein! Ich möchte mitreden können!" Oder auch nur: „Mama, ich bin die letzte in der Klasse; darf ich jetzt endlich auch Teil-Sein?" Bevor Sie das Bedürfnis der Zugehörigkeit Ihres Kindes unkritisch befriedigen, sprechen Sie erst einmal mit den Eltern und mit dem Klassenlehrer. Mittlerweile ist wiederum eine Gegenströmung zu beobachten, die aus der Klasse ein heterogenes Gefüge macht, in dem manche ein Smartphone, manche ein Handy und andere gar keinen Apparat besitzen. So ist jeder willkommen, wie er unterwegs ist.

Als Menschen arbeiten wir unser Leben lang, wenn es uns interessiert, an dem Prozess des „authentischen Seins", am „Reiben unserer Eigenart an der Wirklichkeit". Im digitalen Kontext der Vernetzung wird jedoch der (angesprochene) Gruppenzwang bedient, für Kleine und Große, die Zugehörigkeit zu welcher sozialen Gruppe auch immer. Damit wirbt Facebook ganz konkret: Freunde finden, also Andere, mit denen wir gleichgesinnt sind. Anhand digitaler Medien können wir jedoch nicht lernen, als Individuum stark zu sein, bewusst zu sein, aufrecht zu stehen, Haltung und Würde auszustrahlen, auch im Gegenwind. Diese persönliche Stärke muss vorher oder parallel erlernt und erprobt werden, bevor der Mensch seinem Smartphone süchtig hinterherläuft, so wie ein Hund sein Terrain markiert. Ich erlebe immer mehr Kinder, die in ihrer eigenen Wohnung das Smartphone suchen, als würden sie es riechen. Sie sind erst zufrieden, wenn sie es gefunden haben. Jetzt werden Sie denken, dass sei extrem? Gehen Sie mit Ihrem Kind in Konfrontation, wenn es bereits Smartphone *angefixt* ist, stellen Sie dann erst Regeln auf, dann erst Grenzen, und Sie können erleben, dass sich Ihr Kind verhält als ginge es um Leben und Tod. Als die Eltern von Mathias im 11. Lebensjahr reagierten, Mathias besaß das Smartphone bereits seit dem 7. Lebensjahr, und ihm abends das Smartphone begrenzen, d.h. verbieten wollten, schmiss er sich auf den harten

Kachelboden und schrie verzweifelt: „Ich will sterben! Ich will sterben! Ich will sterben!" Dabei trommelte er mit seinen Fäusten auf die weißen Kacheln, bis die Hand blau war. Mathias verhielt sich, als entzöge man einem Erwachsenen sein Heroin, seine Droge. Ein Leben „danach" war für ihn nicht mehr vorstellbar. Dieses extreme Gefühl, „sein Leben zu verlieren, wenn die digitale Welt begrenzt wird" halte ich für keine Seltenheit. Vielen Erwachsenen erginge es ebenso, nur werden sie nicht auf die Probe gestellt, nur nimmt ihnen keiner ihr Smartphone aus der Hand oder verbietet es ihnen. Ich werde daher in der Checkliste des Buches unterstreichen, dass das Smartphone und die Computerisierung des Kinderzimmers so spät wie möglich erfolgen sollte. Dies ist keine moralische Frage, sondern die der psychischen Gesundheit unserer Kinder und ganz konkret der Frage, wie wir leben wollen: Wenn junge Menschen zu früh zu viel Bildschirmzeit verbringen, d.h., bevor ihr Gehirn und ihre Psyche stabilisiert und Denkprozesse sowie psychische Reife ausgebildet sind, kann es sehr gut sein, dass sich der Mensch als inmitten „der Blase der digitalen Welt" empfindet und die digitale Welt immer mehr ALS die reale begreift. Als man Mathias sein Smartphone wegnahm, warf man ihn aus seiner Welt, aus seiner bekannten kontrollierbaren Welt, die für ihn seine Realität darstellte. Daher auch das Todesgefühl: Wenn Ihnen jemand sagte, er katapultiere sie von heute auf morgen hinaus aus ihrem bekannten Universum, hinein in eine andere unbekannte fremde Welt, wie würden sie sich fühlen? Verzweifelt, ängstlich, panisch und komplett verloren.[106]

Auf dass die Qualität unseres menschlichen Zusammenlebens lebendig sei und wir die Glaubhaftigkeit dank unserer Authentizität gewinnen, geben wir uns die Chance

[106] So ergeht es im Übrigen den meisten geflüchteten Menschen.

zu lernen, zu erproben, auszuprobieren, Fehler zu machen, aufzustehen, zu verzeihen, uns zu entschuldigen und schließlich uns zu sehen und zu akzeptieren, wie wir sind: Mensch – unkontrollierbar und frei. Mensch – fehlerhaft und wie Kinder, einen Schritt nach dem anderen sich zu ihrer vollen Größe ausstreckend. Und die kann wahrlich ein weites helles Feld sein.

Als Fazit halte ich fest:

1. Authentizität ist eine manifeste Charakterausbildung, die zusammenfasst, dass ein Mensch Haltung hat, die aus seiner Person selbst heraus begründet liegt und nicht durch äußere Einflüsse bestimmt wird.
2. Kinder sind sehr feinfühlig für all das, was Atmosphäre mit sich bringt. Und letztendlich ist Authentizität etwas Fühl- und Sichtbares, noch bevor ein Jemand das Wort ergreift. Die energetische Präsenz, die innere Fülle oder innere Abwesenheit lügen nicht, können nicht täuschen. Worte schon.
3. Es geht im digitalen Kontext des Missbrauchs nicht darum, dass wir gelegentlich telefonieren, gelegentlich etwas checken. Als „Abwesenheit bei gleichzeitiger Anwesenheit“ gilt ein permanenter Gebrauch digitaler Geräte,
4. Wenn ich online bin, bin ich nicht mit meinem Gegenüber. Und mit Watzlawick zu sprechen: Wenn ich online bin, kommuniziere ich „Abwesenheit“.
5. Produzierte und also erlebte Leere erfordert die Füllung derselben. Dauerhafte innere Abwesenheit bei körperlicher Anwesenheit in frühester Kindheit erzeugt innere Löcher, die gefüllt werden müssen. Als

gesellschaftlich kompatibles Suchtmittel gilt der tagesdeckende Gebrauch/Missbrauch digitaler Medien.

12. Selbst-Bestimmung wahrnehmen im digitalen Zeitalter

Wir sitzen auf runden Kissen oder Meditationsschemeln, wie sie auch der Dalai-Lama benutzt. So sitzt sich einfach besser, weil aufrechter. Wir schweigen. Schön, diese Ruhe; gut, dieses Verweilen im Augenblick, dieses „bei sich Ankommen". Ob jung oder älter, ob 20 Jahre oder 65 Jahre alt, der Altersunterschied interessiert keinen. In bequemen Jogginghosen oder Yogabekleidungen sind wir gleich und doch verschieden. Meditieren heißt nicht: Wir gehen in eine Stufe der „Einverleibung"[107], in ein „Wir sind alle gleich und haben uns so lieb!" Meditieren bedeutet für mich, wir gehen in eine energetische Verbindung, über unsere physischen Grenzen hinaus, in Verbindung mit unseren Chakren, mit unserem Atem, mit Prana, mit dem Göttlichen, mit Gott – wie wir es auch auffassen und benennen mögen. Auch das ist nicht wichtig. Wir sind eben nicht gleich. Wichtig ist nur eines, dass wir zur Ruhe finden, dass wir im Hier und Jetzt ankommen, dass wir von unseren Alltagsgedanken Abstand nehmen können, dass wir uns und unsere nahe Umgebung, den Raum und die Menschen *neutral* wahrnehmen, aus unserer Mitte des Herzens heraus.

Der Begriff der Neutralität steht in den Veden, im Sanskrit[108] und meint: Wir projizieren nicht. Wir gehen nicht von unserem menschlichen Ich und Ego aus und bewerten die Welt nicht, wir verurteilen nicht. Wir richten nicht. Wir transzendieren. Wir kommen in dieser Mitte an, die ich am besten mit der Mitte des Herzchakras beschreiben möchte, von der aus wir schauen, ohne die physischen Augen

---

[107] Siehe Robert Kegan, Kapitel 4 „Die Entwicklung des Selbst"

[108] Heilige Lehre in der Tradition des Hinduismus, Indien: Tiefe Abhandlungen über das Sein, das Göttliche und den Menschen in seiner Rolle „zwischen Himmel und Erde"

gebrauchen zu müssen. Wir sehen, ohne geöffnete Augen. Wir hören, ohne zu sprechen. Wir sprechen, ohne unseren Mund benutzen zu müssen. Wir sind auf der energetischen Ebene unserer Existenz angekommen, in der wir in der Lage sind, uns selbst, unser Selbst und den Anderen sowie das Andere wahrzunehmen. In diesem Zustand können sich geübte Menschen unterhalten, ohne dass es jemand hört. Der geübte Mensch kann zum Beginn seiner vielen Existenz(en) reisen, ohne die DB. Er kann einen anderen einschätzen und ihn in seiner Essenz und in seinem Charakter erkennen, ohne je ein Wort mit ihm gewechselt zu haben. Ein geübter Mensch kann eben hell-hören und hell-sehen. Und das kann quasi jeder, der es wirklich lernen möchte, weil es Teil von uns ist, vielleicht weil es unser aller Anfang ist? Ach ja, ich vergaß: Wir können auch mit Bäumen sprechen und sie fragen, ob sie berührt werden möchten – oder gar abgeholzt.

Es ist die Anwesenheit in unserem Selbst, die über das menschliche Ich hinaus geht, weil wir plötzlich, ist die Verbindung erst einmal aufgebaut, dank Atem und Chakren, Teil mit allem sind: mit allen Lebewesen, auch mit dem Raum, in dem wir sitzen, mit Menschen, die tausende Kilometer entfernt leben und doch ganz nah sind, mit Engeln, mit Wesen, mit Krafttieren, mit Verstorbenen und Welten. Dann spüren wir die Grenze zwischen physischer und nichtphysischer Existenz nicht mehr, weil sie aufgehoben ist. Genau dann sind wir Teil des Kosmos und in diesem Moment all-wissend: nicht im Ich, nicht im Ego, sondern als dankbar Empfangende und im Dienst Stehende – des Lebens.[109]

Der Mensch. Ein Wunder der Natur, ein Wunder

---

[109] Zum physischen und nicht physischen Dasein empfehle ich das Buch von Roswita Sonnenschmidt: „Exkarnation - Der große Wandel."

Gottes, wie Sie es nennen möchten, ein Wunder allemal. Eigentlich. Warum erzähle ich Ihnen das? Warum teile ich diese meine Praxis mit Ihnen? Weil das Wunder Mensch so reich und vielfältig und im wahrsten Sinne unbegrenzt sein kann, im guten Sinne des Teil-Seins, dass dieses Sein für mich mit Selbst-bewusst-Sein zu tun hat. In diesem weiten Reich der Möglichkeiten finden wir zu unserer Selbst-Bestimmung, legen unser Leben an, treffen Entscheidungen und kreieren unseren Alltag. Unsere gesellschaftliche Realität ist dann Abbild dessen, was wir erfahren, empfangen und umsetzen. So verstehe ich Leben und so auch meine gesellschaftliche Verantwortung, ganz konkret, in allem, was ich tue, weil umsetze. (Dass es mir oft nicht gelingt, Teil von allem zu sein und ich im Alltag als begrenzte Menschin lediglich versuche, gerecht zu sein oder es mir mitnichten gelingt, ist menschimmanent: Das Scheitern im Verhalten ist sozusagen unabwendbar, soweit wir auch Erkennende sind. Diese Selbst-Vorstellung hilft, uns in unserer Begrenzung zu verstehen und zu akzeptieren.)

Die hier angesprochenen Erfahrungshorizonte sind nur in einem ganzheitlichen, vertikal ausgerichteten Denk- und Schaffensprozess möglich wahrzunehmen, nicht in einem horizontal flächigen. Ich sprach zuvor von dieser meiner grundsätzlichen Unterscheidung im Zusammenhang des *Multitasking*: vertikales Reflektieren oder horizontales Denken. Ersteres kann tief hinabsteigen, forschen und mit allen Sinnen kreieren; letzteres verarbeitet hauptsächlich Informationen, reproduziert, fügt zusammen. In unserer digitalen Epoche dürfte das Ziel sein, beides bewusst wählen und einsetzen zu können, über das Wann, das Wie und den Zeitfaktor zu entscheiden.

Gestern traf ich in meinem Schreibcafé auf einen Künstler, der nun zum Geschäftsmann seiner Kunst geworden war und mir erklärte, er könne sehr gut *multitasking* arbeiten. Dabei redete er an der Theke auf jeden ein, der vorbeikam. Er überschüttete jeden mit seinen Themen, ob derjenige sie hören wollte oder nicht. Zwischendurch sprang er auf, vom Handy getrieben, um die ankommenden Anrufe entgegenzunehmen, checkte zwischenzeitlich noch die Kurznachrichten und schrie irgendwann ins Handy: „Sagen Sie! Wissen Sie eigentlich nicht, wie viel ich zu tun habe?", steckte das Handy wütend in die Hosentasche, rieb seine geröteten Augen, riss die Tür des Cafés auf und ward verschwunden. Gut (mit sich und anderen) umgehen sieht anders aus ...

Ein Mensch ist weder seelisch noch physisch dafür gemacht, über einen längeren Zeitraum, über Jahre hinweg parallel, also multitasking zu arbeiten, Informationen und Tätigkeiten gleichzeitig zu verarbeiten und digital auszuführen. Weshalb? Der Energieaufwand ist einfach sehr hoch. Es erfordert eine enorme Konzentration, um verschiedene differente Sachverhalte nebeneinander in seinem Kopf, im Gedächtnis aufrecht zu erhalten, zu bewerten, abzuwägen und zu sortieren. Es dauert nicht lange, dann folgt eine „Zerfledderung" der Gedanken, ein mentales Springen und die Verantwortung, folgenschwere reale Entscheidungen treffen zu müssen, oft geht es um existentielle reale Verpflichtungen, beginnen den Menschen zu belasten. Bis es zu psychosomatischen Beschwerden kommt oder gar zum *Burn-out* ist der Weg nicht mehr weit. Dieser Zeitraum, vom Beginn des parallelen Arbeitens bis zur Krankwerdung, kann sechs Monate oder auch Jahre dauern. In meiner Psycho-Spirituellen Praxis finden sich Menschen jeglichen Alters ein, die über Monate bis Jahre hinweg (ganzheitlich) ausgebeutet wurden, sich ausbeuten lassen haben: Ihr System ist sozusagen bis zum Nullpunkt ausgenutzt, alle Ressourcen verbraucht. Mittlerweile sind es in meiner Praxis auch viele Geschäftsleute, die stets überfordert sind, die schwere Schlafstörungen haben, nicht mehr abschalten können und deren Nerven bis zum Zerreißen gespannt sind. Meistens beginnen wir damit zu meditieren, was für sie bedeutet: Nichts anderes zu tun als sich mit ihrem Atem, mit dem gleichmäßigen Ein- und Ausatmen zu verbinden und alle Alltagsgedanken nicht zu vernetzen. Schwierig genug.

Vor allem nämlich lässt „paralleles Abarbeiten" nicht ruhen, nicht ausruhen; es lässt uns nicht atmen; es verdrängt unser Bewusstsein für empathische Prozesse in andere Zonen. Es schneidet es ab. Es trennt uns von unserem Selbst. Wir werden flach-denkend und flach-agierend: Wir werden zu schlichten Ausführenden, zu Reproduzierenden, bis wir unserem Selbst und den massenhaft zu erledigenden Aufgaben hinterherrennen. Wir werden zu an der Oberfläche surfenden Menschen, denen die Ganzheit der Existenz(en) aus dem Blick gerät. Auch ein Schöpfer sieht anders aus und fühlt sich vor allem anders: Ein Schöpfer wiederholt nicht allzu oft; er ist beglückt im Erschaffen.

Als ich dem zum Geschäftsmann gewordenen Künstler antwortete, dass ich vermeide, multitasking zu arbeiten und stattdessen alle Prozesse in der Tiefe liebe zu tun und vor allem nacheinander anstatt gleichzeitig, antwortete dieser: „Na, das ist ja Luxus!", womit er dieses Thema aus seinem Bewusstseinsbereich herausschob und für sich erledigte. Ich hätte ihm gerne geantwortet: „So kann Leben heute aussehen! Und vor allem unser aller Leben und vor allem hier, in den reichen Ländern auf dieser Erde. Wir alle haben (noch) die Chance zu wählen. Nehmen wir sie wahr und verändern wir dadurch Gesellschaft." Aber der geschäftige Geschäftsmann, der eigentlich mal Künstler war, war schon wieder unterwegs zu superwichtigen, existentiellen Entscheidungen, die ohne ihn nicht laufen!

Was hat das mit Digitalisierung zu tun? Vielleicht ahnen sie es? Nichts bzw. sehr viel, denn Menschen, die zu früh massiv digital unterwegs sind, sagen wir mit fünf Jahren täglich mehrmals am Smartphone spielen, riskieren ein Leben ohne die wunderbare Tiefe der Schöpfung und der kreativen Prozesse, weil sie diese erst gar nicht wähnen, nicht lernen, energetisch wahrzunehmen: Tiefe ausloten ist schwieriger als anwenden und „klicken". Wie wir wissen, gewöhnt sich Gehirn an die einfachste Variante, wenn es nicht gefordert und gefördert wird. Es liegt mir fern, defätistische Prognosen zu stellen, aber stellen wir uns nach all den in diesem Buch gemachten Recherchen zur Seele und zum Körper vor, dass die nächste Generation mit zwei Jahren beginnt, den Bildschirm zu nutzen, so wie es das Bildungsministerium vorschlägt: ab zwei Jahren „begleitet". Mit drei Jahren dann vielleicht sogenannte Lernspiele? (Die entsprechende Branche freut sich jetzt schon.) Wir sitzen in der U- Bahn und alle Menschen, Groß und Klein, mit geneigten Köpfen, rundem Rücken auf die Knöpfe ihres Smartphones tippend? Ein Alptraum. Was passiert mit dem Sozialgefüge Gesellschaft?

Ich habe Ihnen und mir selbst mit meinen Forschungen zu fühlen gegeben, dass, ist die Sehnsucht nach dem Spielen auf einem Bildschirm erst einmal aktiviert, freuen wir Eltern uns erst einmal darauf, das Kleinkind mit ruhigem Gewissen ab dem 3. Lebensjahr vor einer Scheibe parken zu dürfen, wir die neurologischen und seelischen Entwicklungsschritte des Menschen nachhaltig verändern. Was sie auch immer dazulernen werden, wie das Bedienen der Computer, wie haptische Fähigkeiten, wie schnelles multiples reproduktives Denken – ein Hören in die Stille, ein Lauschen im Nichtstun, Voraussetzung für schöpferische Prozesse, wird es im Digitalmodus schwerlich geben.

Kinder werden heutzutage ab drei Jahren aktiv an die Digitalisierung herangeführt, auch immer mehr in Kitas. Dazu gehören „Edutainment Software", bei denen sie den Umgang mit der Maus und Bildschirmbuttons erlernen, sowie spezielle „Kiddie Sites", auf denen sie anhand von Videoclips spielerisch lernen sollen. Eine Freude für jedes Kleinkind, farbige Animationen wie im Fernsehen geliefert zu bekommen! Im allgemeinen gesellschaftlichen Kontext gibt es für diese Handhabe keine Kritikfähigkeit, insbesondere nicht in computeraffinen Familien. Wie auch? Die Wirtschaft freut sich, das Bildungsministerium folgt und den Eltern wird die Sorglosigkeit genommen, wenn sie in Ruhe surfen können, während ihre Kinder in Ruhe surfen.

Weshalb aber können Kinder nicht mit zehn Jahren das Bedienen des Computers und Smartphones erlernen, vielleicht ab der 4. Klasse in begleiteter Form? Ich versichere Ihnen, dass die modernen Kinder das in weniger als einem Tag hinbekommen und die restlichen spezifischen Programme in einer Woche Schulungstraining! Bis zur 4. Schulklasse haben sie begonnen zu lernen, sich auszudrücken; die Kinder können schreiben, sie können denken und erste Zusammenhänge komplexer verstehen. Sie wären also systemisch vorbereitet, ein anderes Lernmittel hinzuzugewinnen, sozusagen ein gefühltes Plus in der Lernmethode. Ein großer Vorteil wäre: Kinder mit zehn Jahren SIND eine kleine reife Persönlichkeit, mit einem Gefühl zu sich selbst, mit Vorlieben und Ideen, mit einer Selbsteinschätzung und vor allem mit einem Gefühl von Selbst-Vertrauen. Im Idealfall.

Die Forderung, Kinder so früh wie möglich zu digitalisieren, auf dass sie „den Anschluss" nicht verlieren, ist produzierter, manipulierter Nonsens. Den Anschluss verlieren woran? An den gesellschaftlichen Fortschritt? Mit dieser Drohung, dass Kinder gesellschaftlich etwa in einen Hinterhalt geraten, wenn sie nicht sobald wie möglich digital spielen, wird jedes liebevoll sorgen wollende Elternpaar abgeholt, denn wer wünschte sich nicht ein „mitten in der Gesellschaft stehendes Kind" zu erziehen, das in der Lage ist, schnell und effektiv zu lernen, damit es überall gut mitkommt? Alle Eltern und Erzieher wollen, dass sie die Kinder gut präpariert ins Schulleben überführen.

Ich spreche gegen ein „zu früh", gegen ein „zu viel" und im schlimmsten Fall gegen ein „zu früh und zu viel". Ich spreche nicht gegen den Einsatz digitaler Medien an sich, nicht gegen die vielen Nutzungsmöglichkeiten, nicht gegen den praktischen Einsatz ab einem bestimmten Alter: Benutzen wir digitale Medien anstatt uns benutzen zu lassen! Mir geht es um das bewusste Anvisieren eines moderaten Umgangs ab einem gewissen Alter, damit die Kleinen nicht mit sechs Jahren bereits angefixt sind. Mir geht es um das „Wie viel, wie lange und ab welchem Alter", was ich mit drei Jahren eindeutig für zu früh halte: Mir geht es also um eine Medienkompetenz, die den Menschen ganzheitlich als fühlendes, denkendes, körperliches und energetisches Wesen im Auge hat.

Ich denke, dass es heutzutage nicht mehr realistisch ist, die Grundschulen zu de-digitalisieren oder den Alltag der jungen Kinder. Umso mehr ist Bewusstsein geboten für die Gesamtprozesse der Bildung von Selbstbewusstsein, von Haltung und einer Ethik des Mitgefühls:

Selbstbewusstsein ist ein Fachbegriff, der verschiedene Bereiche der Geisteswissenschaften umfasst, wie der Philosophie, der Psychologie, der Soziologie. Im Wesentlichen jedoch geht es immer um die Frage: „Wer bin ich?", deren Antwort im idealen Fall mit einem Lächeln beantwortet wird, mit einem Ja zu sich selbst, mit Selbstvertrauen, mit einem Gefühl der Sicherheit in die eigene Person und mit Gewissheit für die Richtigkeit eigener Prozesse. Dass dies von jeder Persönlichkeit erarbeitet werden muss und uns nicht selten ein Leben lang begleitet, steht fest. Die Bildung dieses Selbstvertrauens hat auch viel mit der Spiegelfunktion zu tun, die ich im 7. Kapitel ansprach, aber auch konkret mit dem Spiegel der Umwelt: Wie werde ich gesehen? Mit wem vergleiche ich mich? Wie möchte ich sein? Was sind meine Vorbilder? Was sind also meine Hobbies? In welcher Peergroup bewege ich mich? Die Affirmation unserer Person: „Ich bin wie ich bin und genau so bin ich richtig!" hängt mit der Bestätigung im Außen zusammen. Das erste Außen durch die Eltern lässt uns ein Ja fühlen; im Anschluss daran lassen uns ErzieherInnen spüren, dass wir ok sind, wie wir sind und dann erst kommt die Bedeutung der Peergroups ins Spiel. Bis noch vor zehn Jahren war gemeinsames Spielen, waren Gesellschaftsspiele und eigenes Spielen die lustvollen Hauptbeschäftigungen eines Kindes (in Europa).[110] Dieses Spielen, mit sich in der Stille und das gemeinsame Tun prägten „die innere Mitte" der Kinder, motivierten ein Gefühl zu sich selbst und eine Vorstellung über die eigenen Fähigkeiten und Bedürfnisse – ließen also Selbst-bewusst-Sein entstehen. Glauben Sie, dass dieser Prozess nur annähernd so ablaufen wird, wenn wir in den nächsten Generationen dem Kleinkind ab dem 2. Lebensjahr den Bildschirm als Freizeitbeschäftigung anbieten?

Selbstbewusstsein bildet die Basis für das Selbst-Vertrauen, für die zu gewinnende Sicherheit, sich selbst zu vertrauen, seinen Gefühlen, Wahrnehmungen und eigenen

[110] Frauen, die geflüchtet sind, erzählen mir, dass ihre Kinder mit den in Flüchtlingsunterkünften angebotenen Spielsachen nichts anfangen können, dass sie nicht wissen, was sie damit überhaupt machen sollen: „Unsere Kinder haben spielen nicht gelernt; sie haben es ja nie getan."

Gaben. Beide emotionalen Fähigkeiten sind die Voraussetzung dafür, dass ein Mensch eine innere Haltung entwickeln kann. Wie Gerald Hüther bereits über das Bewusstsein sagte, das Zeit haben muss, sich ausbilden zu können, in der seelischen und neuronalen Entwicklung des Kindes, so ist es auch mit diesem ganz speziellen Gefühl zu sich selbst, woraus eben Haltung und Ethik folgen, woraus beispielsweise auch irgendwann die Zivilcourage und ein gesellschaftliches Engagement erwachsen können. Alle kritischen DenkerInnen, die sich in der ZEIT oder in Büchern zur „Medieneuphorie" äußern, haben diesen speziellen Kern im Auge: Mündige Bürger werden wir durch Persönlichkeitsentwicklung, nicht durch Persönlichkeits-darstellung. Der Journalist Harald Welzer mahnt in seinem Artikel „Schluss mit der Euphorie"[111] die vermehrte Digitalisierung der Welt als Gefahr für demokratische Prozesse an: „Demokratie setzt voraus, dass es Bürgerinnen und Bürger gibt, die für ihre Angelegenheiten und das Gemeinwesen eintreten und es gestalten. Das können sie aber nur, wenn es eine Trennung von öffentlich und privat gibt: Ich kann nur dann Bündnisse schließen, Strategien entwickeln, Argumente verfertigen, wenn ein privater Raum existiert, in den niemand Einblick hat."[112] Bevor wir nämlich teilen, mit Anderen im Austausch sind, müssen wir die Zeit nutzen, um eine eigene Haltung, um Positionen und Ansichten zu entfalten. Vieles können wir eben nicht in Dauerschleife der Vernetzung ausbilden, sondern nur im individuellen Raum, bevor wir dann in den Austausch mit anderen treten. Viele befürchten, dass eine

---

[111] http://www.zeit.de/2017/18/digitalisierung-politik-bedrohung-demokratie-industrie-4-0-datenschutz

[112] ebda., ZEIT 18/2017

zu frühe Digitalisierung der Kinder, sprich der Kleinkinder, diesen Bereich der Individuation behindert. Es scheint für die Betroffenen dann so zu sein, als schlössen sie sich, wenn sie allein sind, von Anderen aus. Oder aber sie haben erst gar kein Gespür dafür entwickelt, was es heißt, lustvoll allein zu sein und in diesem individuellen Raum seine eigenen Meinungen keimen zu lassen – dass Alleinsein nicht Einsamkeit bedeuten muss. Und noch einmal Welzer: „Als Sphäre, in der Menschen tun und lassen können, was sie wollen, ohne dass eine Öffentlichkeit davon auch nur Kenntnis gewinnen könnte, bildet Privatheit jenen Seinsbereich, in dem sich Sichtweisen bilden und entfalten, Persönlichkeiten entwickeln und Standpunkte ausprobieren lassen. Genau das braucht es, um auf der anderen Seite politischer Bürger zu sein." Dagegen beobachte ich Menschen, die vor ihrer Privatheit fliehen; ich beobachte solche, die diese nicht einmal mehr fühlen, wenn sie am Smartphone in der S-Bahn ihre Beziehungsprobleme öffentlich diskutieren oder andere, denen Intimität Angst macht, weil sie sich dann „irgendwie von Allen abgehängt" erleben. Letzteres verweist uns auf die im Buch angesprochene Blase, die ein Innen und Außen entstehen lässt – ein „drinnen oder draußen" sein.

Gerald Hüther bringt in seinem neuen Buch „Würde – Was uns stark macht, als Einzelne und als Gesellschaft"[113] die zunehmende Digitalisierung ebenfalls in den Zusammenhang mit einem engagierten Bürgerbegriff. Er fragt: „Doch was genau bedeutet Würde? Was bedeutet es, wenn uns unsere Würde genommen wird, weil wir etwa in der digitalen Welt nur noch als Datensatz zählen [...]?" So wie Haltung erlernt werden darf, so auch das spezifische

---

[113] Gerald Hüther: „Würde – Was uns stark macht, als Einzelne und als Gesellschaft", Knaus Verlag, München, 2018

Gefühl der Würde, das zwei Aspekte anspricht: Wir behandeln uns selbst würdevoll und wir werden würdevoll behandelt. Der dialektische, sozialkritische Aspekt des „Ich und die Welt", das Eine wirkt auf das Andere, wird hier konkret aufgenommen.

Ich möchte abschließend auf ein Phänomen eingehen, das ich beobachtet habe: Einerseits gibt es heute dank der sozialen Netzwerke eine Bürgerbewegung von kritischen BürgerInnen, von jung bis alt, die sich parteiübergreifend organisieren und als Ziel die „Vielfalt des Lebens" und den „Respekt vor allem Lebendigen" engagiert vorantreiben möchten. Dies zu organisieren tun sie übrigens über die digitalen Medien wie Facebook, womit sie Millionen Einzelne erreichen. Die Organisationen *campact*, *Attac*, aber auch die Gemeinschaftsbanken *GLS* oder die *Ethik-Bank* wären hier zu nennen.

Andererseits verhalten sich viele Menschen so als könne man Politik und Ökologie, als könne man politische und ökologische Themen einfach so wegklicken wie man Facebook-Freunde löscht. Das Gefühl für Kontinuität, für Aktion und Reaktion, für Prozesse in der Komplexität des Menschseins IN der Gesellschaft und deren Wechselwirkung, eines „Ich bin Teil in dieser spezifischen Welt" kann abhandenkommen, wenn wir die reale Welt als virtuelle erleben.

Ich kenne dieses Gefühl. Ich kann es gut nachvollziehen. Es hat etwas mit seelischer Überforderung, mit körperlich fühlbarer Müdigkeit zu tun, mit einer Überlastung unseres Systems Mensch, mit der Tatsache, dass wir Engagement *für etwas* nicht vor der Scheibe ausbilden, auch, wenn uns die Bilder, die hinter der Scheibe laufen, zum Wahnsinn bringen oder eben gar nicht mehr berühren. Womit sollen wir beginnen? Kriege, derer gibt es so viele. Elend und Katastrophen nehmen zu, global, so das

Ergebnis täglich zu lesenden und zu sehenden News. Auf dass wir jedoch agieren und reagieren können, müssen wir dafür sorgen, dass unser System rein bleibt, eben nicht überlastet wird, dass wir Zeit haben, um unsere Energien wieder aufzufüllen, dass wir unsere Gefühle bewusst wahrnehmen. Zur Reinhaltung des menschlichen Systems gehört in erster Linie auch die Frage der Ernährung und konkret des Vegetarier-Seins, Veganer-Seins oder des Fleischessers: Was führe ich mir wie zu?

Die Überlastung und Mattigkeit, die Überforderung ist eine Folge der Übermittlung und Sendung primär negativer Nachrichten, die uns in das Gefühl der Ohnmacht treiben. „Wer bin ich, kleiner Mensch, dass ich da etwas zu sagen oder zu tun hätte?", fühlen wir vielleicht und scrollen die Bilder runter ... Positive Nachrichten dagegen, die es ebenfalls zuhauf zu erzählen gäbe, würden uns in die Eigenermächtigung kommen lassen, in Freude, in die Aktion: „Ja, da möchte ich Teil-Sein; ich möchte und kann etwas verändern!", so der innere Ruf, dem wir dann Lust haben zu folgen. Sobald wir als Menschen bewusst unsere Position einnehmen können, sobald wir uns ermächtigen, Akteur zu sein, ändert sich unser Energieniveau, wir fühlen uns wichtig und haben Lust, gesellschaftliche Verhältnisse aktiv zu verändern. Auch dieser Prozess hat etwas mit Würde zu tun: Ich behandle mich würdevoll und sorge für mein Wohlergehen, auf dass ich überhaupt Akteur sein kann.[114]

Der Mensch muss lernen, berührt zu werden. Er muss

---

[114] Am 13.10.2018 gingen in Berlin mehr als eine Viertel Million Menschen auf die Straße, gefolgt dem jungen Bürgerbündnis #unteilbar, um parteiübergreifend für die Vielfalt (gegen Rassismus) einzutreten. Meine Familie und ich, wir waren dabei und fühlten uns als Selbst ermächtigte Akteure der gesellschaftlichen politischen Realität und feierten: „Wir sind da und haben etwas zu sagen!"

sich berühren lassen; er muss weinen können, erschrocken sein können, sich empören können. Die massenweise Ankündigung von Katastrophen aber, farbig abgebildet vor unseren Augen, laufend wie ein Science-Fiction-Film, verhindert das Berührtwerden. Die Seele lässt den Alptraum nicht (mehr) zu; sie ordnet die Bilder als virtuell ein, um ihnen nicht zu erliegen. Würden wir noch all das nachempfinden können, was wir täglich lesen, hören und sehen, wir würden vor rot geweinten Augen nicht mehr sehen können ... Und tatsächlich: Vielleicht sehen wir politische, ökologische und ökonomische Nachrichten nicht mehr ganzheitlich, sondern nur noch mit einem Teil unseres Gehirns, der abgespalten von den dazu gehörigen Gefühlen existiert. Der Missbrauch digitaler Medien kann große und kleine Menschen zu willenlosen Ausführenden machen. Umso müder wir sind, desto weniger wirkt die Selbst-Bestimmung als Selbst-Verantwortung.

Eine tiefgehende Bewusstseinsarbeit, einen kontinuierlich anhaltenden Willen zur Veränderung, um zu überleben, um als Mensch in Eigenverantwortung auf dem Planeten Erde überleben zu können, darf Credo sein. Auch diese Haltung der Fürsorge lernen wir nicht digital, trotz der Benutzung digitaler Medien. Wir lernen unser Menschsein durch und mit Menschen und die sind niemals zu ersetzen. Fehlerhaft und wunderbar, wie wir sind, sind wir Freunde, Vermittler, Liebende, Mütter, Väter, Schwester, Brüder, Gebende und Nehmende. Ermöglichen wir den nächsten Generationen weiterhin die Chance, dies zu spüren: den Ton der Zwischenmenschlichkeit.

Die CHECKLISTE

I Warum gibt es die Sehnsucht nach der Anwesenheit in der digitalen Welt?

- Wir gehen davon aus, dass jeder Mensch das Gefühl der Geborgenheit aus der ersten vorgeburtlichen Phase des Daseins kennt und sein Leben lang sucht.
    - Wenn die Sehnsucht des Menschen nach Kontrolle, nach Gemeinschaft und nach Homogenität zur Sucht wird, kann es ein Abwenden des Fremden als dem unkontrollierbaren Ort, ein Abwenden vom undefinierbaren Außen bedeuten. Die digitale Blase wird dann zum Ort der Sicherheit.
    - Wer sehn-süchtig digital unterwegs ist, hat oft das Gefühl: Da draußen sind ALLE und ich bin hier, allein, zurückgelassen. Ich bin nicht Teil der großen digitalen Familie. Ich weiß nicht, was „abgeht" und vereinsame hier.
    - Die Anwesenheit in der digitalen Welt ist Könnerschaft: Wenn Du sie verstehst, kannst Du ein- und ausschalten. Die reale Welt ist ganz anders: Sie ist nicht wegzuklicken.

II Was bei einem Zuviel an digitalen Medien verlorengehen kann

- Neurowissenschaftler haben festgestellt, dass insbesondere die Fähigkeit der Deutung von Gestik und Mimik durch einen exzessiven Gebrauch der Medien verflacht: Den Gesichtsausdruck und die körperlichen Bewegungen des Gegenübers in Gesprächen zu deuten, diese Fähigkeiten verkümmern oder werden mangels "Übung" gar nicht erst ausgebildet, wenn das menschliche Gehirn keine oder nur wenige Anregungen erhält.
- Die Unterscheidung von Wichtigem und Unwichtigem bei Kindern, die meist *online* sind, wird immer schwieriger. Die Fähigkeit komplexen Denkens nimmt ab oder wird wenig ausgebildet.
- Die dauerhafte Digitalisierung des Alltags begünstigt die menschliche Schwäche der Konfliktscheu. Der Charakter wird dadurch weder geschult noch gestärkt.
- Eine dauerhafte Digitalisierung und das Multitasking-Arbeiten begünstigen das „horizontale Denken" versus dem vertikalen: eine Verflachung der Denkprozesse und ein Abrufen und Reproduzieren.
- Erlernbare Strategien der lebendigen Kommunikation werden digital nicht erworben. Es ist unmöglich, lebendige Kommunikation digital zu ersetzen.
- In der digitalen Welt entledigen wir uns des menschlichen, fühlbaren Kontakts. Wir entledigen uns der persönlichen Gespräche. Wir entledigen uns der spontan stattfindenden Treffen und der „Zufälle".
- Allseits digital vernetzte Menschen sind viel auf Abruf, auf dem inneren Sprung, in Spannung. Loslassen und

Zeithaben, Muse und Schmökern werden dadurch nicht begünstigt.

- Unentwegter Smartphone Gebrauch in der Familie bringt mit sich: Wir bewegen uns nicht. Wir unterhalten uns nicht. Wir spielen nicht zu zweit. Wir kommunizieren nicht lebendig. Wir sind nicht gemeinsam, sondern alle einzeln unterwegs.
- Eine dauerhafte Benutzung des Bildschirms als „Abschaltung von der unruhigen Welt", als eine Art Bewältigungsstrategie, mit der globalen Welt umzugehen, führt zur Verfestigung der Nervenbahnen und zu einem Suchtgefühl: „Das will ich! Das brauche ich!"
- Wenn flexible Strukturen in den Gehirnen der Kinder zu früh in routinierte Mechanismen sich verengen, verengt sich der Blick, die Gefahr einer Einseitigkeit ist gegeben.
- Eine permanente innere Abwesenheit beim Gegenüber, beim Kind kann produzieren: eine Leere, die unbedingt gefüllt werden muss. Als „Abwesenheit bei gleichzeitiger Anwesenheit" gilt ein permanenter Gebrauch digitaler Geräte.
- Als hervorragend geeignetes Füllmittel der gefühlten Leere und des Nichts gilt die Sucht: Sucht ist eine Dynamik, die pausenlos an-treibt.
- Diese Generation ist die erste, die mit dem Babyalter der Digitalisierung entgegensteht. Bei einem Zuviel werden ernsthafte gesundheitliche Schäden riskiert sowie die Änderung von neuronalen und seelischen Entwicklungsprozessen provoziert.
- Wenn bereits für Kleinkinder der Gebrauch digitaler Medien selbstverständlich wird, <u>bevor</u> sie gar zu denken vermögen, bevor sie gar zu sprechen vermögen, seien wir uns bewusst darüber: Das Gehirn ist noch nicht entwickelt, soziale Strukturen sind noch nicht

entwickelt und schon besteht ein Reiz nach dem „bewegungslosen“ reproduzierten Spielen.

III Mögliche konkrete Folgen des Missbrauchs

- Es gibt Richtlinien, wann Missbrauch beginnt: So können wir davon ausgehen, dass bei Kindern bis zum 13. Lebensjahr der tägliche Gebrauch eines Bildschirms von mehr als 1,5 Stunden ernsthafte körperlich Risiken birgt.

Körperliche Folgen:

- Übergewicht
- Haltungsschäden
- Kurzsichtigkeit
- Schlafstörungen und
- Bluthochdruck
- Entwicklungsstörung in Motorik und Sprachentwicklung
- Verstrahlung durch Elektrosmog

Seelische Folgen:

- Störungen in der Entwicklung des Mitgefühls
- Störung in der Wahrnehmung der Welt als das Andere: Eins-Sein statt Differenz
- Desinteresse für ökologische, ökonomische und politische Prozesse: Spielen ist einfacher ...
- Aufmerksamkeitsstörungen
- Einsamkeit/Leere
- Depression
- Verminderte Empathie
- Aggressivität
- Angst
- Suchtverhalten
- Verminderte Zufriedenheit

IV Wie wir als Erwachsene Medienkompetenz begleiten können

- Es ist gut, wenn es Zeiten *mit* und Zeiten *ohne* die Bedienung des Smartphones gibt, für die Erwachsenen und die Kinder.
- Beim Essen, bei Familientreffen, zu Gesprächszeiten ist es ratsam, sich bewusst „digitalfrei" zu begegnen, um verbale und nonverbale Kommunikation miteinander zu praktizieren / zu trainieren.
- Es geht nicht darum, dem Kind den Gebrauch des Smartphones im 11. Lebensjahr zu verbieten; aber es geht darum, die Menge, das *Wann* und das *Wie* aufmerksam zu begleiten.
- Sobald der Heranwachsende ein Gerät selber besitzt, beginnt die Herausforderung einer notwendigen kontinuierlichen Beregelung. Wenn Regeln als zu starr empfunden werden, diese mit dem Kind besprechen und neu ansetzen.
- Daher gilt: Solange es geht, den Kindern kein eigenes Smartphone anschaffen. Wenn es um die Sicherheit des Kindes geht, genügt ein einfaches Handy.
- Regeln begleiten und geben Sicherheit. Aufgestellte Regeln konsequent einhalten oder durch Familiengespräche neu setzen (und dann wieder einhalten).
- Unsere klaren Regeln und das Achten auf die Einhaltung derselben helfen den Kindern und Jugendlichen, auch weil wir ihnen Entscheidungen diesbezüglich abnehmen. Der klare Rahmen unterstützt sie und beruhigt sie letztendlich.
- Die verbale und nonverbale Kommunikation bedarf der täglichen Praxis, eines regelrechten Trainings, d.h.: Die Entstehung des Ich und des Selbst wird durch die Auseinandersetzung mit Konflikten erlernt

(noch vor dem 2. Lebensjahr) und muss erworben werden, bevor die flächendeckende Digitalisierung des Alltags *für Klein bis Groß* beginnt.

- Das Einführen und Durchsetzen handyfreier, bildschirmfreier Zeiten ist fundamental. Es wird im Alltag Phasen des Spielens und des *Checkens* geben, für Groß und Klein, aber es sollte geregelte Zeiten des *ohne* geben, sowohl für den Elternteil als auch für das Kind.
- Offiziell heißt es: Kinder bis zum Alter von zwei Jahren gänzlich von Fernsehen und Bildschirm fernhalten. Ich denke, bis fünf Jahre bildschirmfrei ist wunderbar, bis drei Jahre auf jeden Fall ratsam. Das gilt auch für den Fernseher.
- Sobald der Bildschirm ins Leben tritt, und umso jünger, desto stärker, besteht eine Reizschaffung und ein Impuls zur Sehnsucht.
- Apparat einschalten und ausschalten und der Sehn-Sucht unserer Kinder (oder unserer) widerstehen, dass alles einfach, kontrollierbar und gewinnbar sei.
- Mit anderen Eltern sprechen und sich auf gemeinsame Regeln aufstellen, auch zur Hausaufgabenzeit.
- In der Schule und/oder in der Klasse mit dem Lehrer den Gebrauch der Handys regeln.
- Klären Sie mit Ihrem Kind vorher, was bzw. wie lange genau es jetzt schauen darf.
- Machen Sie genaue Zeiten im Tagesablauf, auch bezüglich der Schulaufgabenzeiten, aus und halten Sie diese ein!
- Handynutzung am Abend und vor dem Schlafengehen gilt es zu vermeiden: Schlafstörung ist das Ergebnis! Vor dem Schlafengehen noch aufs Handy gucken, irritiert die innere Uhr. Also eine Zeit ausmachen, wann das Handy in die Schublade kommt.

- Stellen Sie und das Kind zwischendurch das Handy auf Flugmodus, um die stets ankommende Nachrichtenflut zu unterbrechen und somit die Aufmerksamkeit für das Zusammenleben freizuhalten.
- Bei Mahlzeiten gemeinsam auf das Smartphone verzichten und so Phasen des Austauschs schaffen.
- Reales Spielen bevorzugen.
- Miteinander Zeit verbringen, gemeinsam kreativ sein und spielen.
- Wenn Kinder zu Besuch sind, reales Spielen auf jeden Fall bevorzugen; Fernseher und Bildschirm im Allgemeinen nicht anbieten oder genau begrenzen. Auch da gilt für die Schlafenszeit: Das Handy ALLER Kinder aus dem Schlafzimmer rausnehmen!
- Klare Regeln auch für die Geschwister schaffen: Gemeinsames Bewusstsein für die Gefahren klären, Altersgrenzen bestimmen und die Älteren in die Verantwortung für ihre kleinen Geschwister nehmen, auf dass alle wissen: Zu früh und zu viel ist gefährlich für das ganzheitliche Wohlergehen.

V Was sich jede (r) selbst fragen darf

- In der Debatte um die Digitalisierung des Alltags geht es grundsätzlich um den Aspekt des Zeitsparens und wie wichtig dies sei. Als würden wir Zeit gewinnen, um diese in der Familie, mit Kindern und Freunden, mit Lesen und Spielen, mit Freizeit und Entspannung zu verbringen. Ist dies tatsächlich bei Ihnen so?
- Welche der ankommenden Nachrichten, über einen Tag verteilt, sind so wichtig, dass sie nicht zwei Stunden warten können?
- Werden wir uns später daran erinnern, wie oft wir aufs Smartphone geschaut haben oder erinnern wir uns zehn Jahre später an den gemeinsamen Besuch eines Kabaretts, bei dem wir mit der Familie so viel lachten, dass wir Töne produzierten?
- Einerseits brauchen unsere Kinder heutzutage Langeweile und Nichtstun, weil sie ständig im Machen und im Ausführen von Angeboten sind. Nichtstun ist jedoch gefüllt mit Gedanken, mit Kreativität: Das bewusste Einstellen eines Frei-Raums lässt etwas anderes zu.
- Ich betone eine enorme Chance der Mutterschaft, in der gesellschaftsveränderndes Potential und somit Macht liegen, wenn wir diese anerkennen und uns darüber erst einmal bewusst geworden sind: dass wir nämlich die nächste Generation der Menschheit „zeugen" und diese seelisch, energetisch, mental und physisch in ihrer Entwicklung ganz klar bestimmen, die Richtung einer inneren Dynamik vorgeben und eine grundsätzliche Determinierung des *Ja* oder des *Nein* zum Leben mit beeinflussen.
- Wir können oder wollen nicht ohne Digitalisierung leben? Dann setzen wir sie bewusster ein. Dann

schalten wir sie ein und aus. Dann freuen auch wir uns selbst daran, mit uns und dem jungen Menschen im „gewähnten" Raum zu sein, miteinander zu lachen, zu erzählen, uns zu berühren.

- Wie soll der Mensch Selbst-Liebe entwickeln? Wie einen körperlichen, geistigen, seelischen Bezug zu sich selbst aufbauen, wenn es keine Spiegelung gibt? Wie sich selber in den Augen des Anderen wahrnehmen, wenn diese ihn nicht anblicken oder leer sind? Für das Kind bedeutet ein Gegenüber, das digital absorbiert ist, eine Abwesenheit. Geschieht es auf Dauer, so kommt sie einem Desinteresse gleich. Langeweile, innere Haltlosigkeit, Bezugslosigkeit und Einsamkeit sind das Ergebnis.
- Ein Apparat, der unsere innere Anwesenheit auf sich lenkt, zieht diese unweigerlich dem anderen Lebewesen ab.
- Das Gehirn braucht Abwechslungen in Aktionen und emotionale Herausforderungen. Jede Bewältigung einer Aufgabe lässt das Gehirn komplexer werden.
- Die Computerisierung des Kinderzimmers sollte so spät wie möglich erfolgen. Dies ist keine moralische Frage, sondern die der psychischen Gesundheit unserer Kinder und ganz konkret der Frage, wie wir leben wollen: Wenn junge Menschen zu früh zu viel Bildschirmzeit verbringen, d.h., bevor ihr Gehirn und ihre Psyche stabilisiert ist und Denkprozesse sowie psychische Reife ausgebildet sind, kann es sehr gut sein, dass sich der Mensch als inmitten „der Blase der digitalen Welt" empfindet und die digitale Welt immer mehr ALS reale begreift.
- Alles, was Kindern Spaß macht, schafft neuronale Bindungen, ist sozial und hält das Kind vom Sitzen mit digitalen Medien ab.

- Wir Menschen lernen durch vorgelebte Haltung: Alle Kinder und Heranwachsende lernen von uns Großen, indem sie uns beobachten, uns imitieren, uns kopieren und uns gefallen wollen!

Literaturempfehlungen

Julia Cameron:
„Der Weg des Künstlers", Droemer Knaur Verlag, 2009

Françoise Dolto:
„L'enfant du miroir", Payot, Paris, 2002

Dylan Evans:
„Spiegelstadium" In: Wörterbuch der Lacanschen Psychoanalyse, Turia + Kant, Wien, 2002

August Flammer:
„Entwicklungstheorien – Psychologische Theorien der menschlichen Entwicklung", Verlag Hans Huber, Bern, 1996, zweite, vollständig überarbeitete Auflage

Michel Foucault:
„Von der Freundschaft als Lebensweise", Michel Foucault im Gespräch, Merve Verlag, Berlin 1983
Histoire de la sexualité
Bd. 1: *„La volonté de savoir"*, Gallimard, Paris, 1976
Bd. 2: *„L'usage des plaisirs"*, Gallimard, Paris, 1984
Bd. 3: *„Le souci de soi"*, Gallimard, Paris, 1984

Sigmund Freud:
„Fragen der Gesellschaft. Ursprünge der Religion", Studienausgabe, Bd. IX, S. Fischer Verlag, Frankfurt/M., 2018

Erich Fromm, Rainer Funk (Herausgeber):
„Authentisch leben", Verlag Herder, Freiburg i. Breisgau, 2018

André Green:
„Narcissisme de vie, narcissisme de mort“, les éditions de minuit, Paris, 1983
„Die tote Mutter“, Psychosozial-Verlag, Gießen, 2004, 1. Auflage

Bèla Grunberger:
„Narziss und Anubis. Die Psychoanalyse jenseits der Triebtheorie“, Verlag Internationale Psychoanalyse, München/ Wien, 1988
„Vom Narzissmus zum Objekt“, Suhrkamp Taschenbuch Verlag, Frankfurt/M., 1982

Gerald Hüther, Inge Michels:
„Gehirnforschung für Kinder - Felix und Feline entdecken das Gehirn“, Kösel-Verlag, München, 2009

Gerald Hüther, Ingeborg Weser:
„Das Geheimnis der ersten neun Monate - Reise ins Leben“, Verlagsgruppe Beltz, Weinheim, 2015

Gerald Hüther:
„Biologie der Angst – Wie aus Streß Gefühle werden“, Vandenhoeck & Ruprecht, Göttingen, 2013
„Bedienungsanleitung für ein menschliches Gehirn“, Vandenhoeck & Ruprecht, Göttingen, 2013
„Die Macht der inneren Bilder – Wie Visionen das Gehirn, den Menschen und die Welt verändern“, Vandenhoeck & Ruprecht, Göttingen, 2013
„Würde – Was uns stark macht, als Einzelne und als Gesellschaft“, Knaus Verlag, München, 2018

Luce Irigaray:
„Speculum, Spiegel des anderen Geschlechts", edition Suhrkamp, Frankfurt/M., 1974

Melanie Klein:
„Das Seelenleben des Kleinkindes", Klett-Cotta Verlag, Taschenbuch, 2015

Heinz Kohut:
„Wie heilt die Psychoanalyse?", Suhrkamp Verlag, Frankfurt/M., 1987
„Die Heilung des Selbst", suhrkamp taschenbuch wissenschaft, Frankfurt/M. 1981, 1. Auflage
„Le Soi: la psychanalyse des transferts narcissiques", éd. Presses universitaires de France, coll. *Le fil rouge*, 2004
„L'introspection, l'empathie et le détour de la santé", Revue française de psychanalyse, Vol. 49, n°5, 1985

Jaques Lacan:
„Le stade du miroir comme formateur de la fonction du Je", J. Lacan *Ecrits 1: texte intégral*, Seuil, Paris, 1966
„Das Spiegelstadium als Bildner der Ichfunktion, wie sie uns in der psychoanalytischen Erfahrung erscheint" (1948). In: Ders. Schriften I. Quadriga, Weinheim, Berlin, 1986

Alessandra Piontelli:
„Vom Fetus zum Kind: Die Ursprünge des psychischen Lebens – Eine psychoanalytische Beobachtungsstudie", Klett-Cotta, Stuttgart, 1996

Gerhard Roth, Nicole Strüber:
„Wie das Gehirn die Seele macht", Klett-Cotta Verlag, 2014

Gary Small, Gigi Vorgan:
„iBrain - Wie die neue Medienwelt Gehirn und Seele unserer Kinder verändert", dt. Ausgabe (gekürzt) 2009, Verlag Kreuz GmbH, ISBN 978-3-7831-3196-3

Janine Chasseguet-Smirgel:
„Wege des Anti-Ödipus", Ullstein Verlag, Frankfurt/M, 1978
„Das Ichideal – Psychoanalytischer Essay über die ‚Krankheit der Idealität'", Suhrkamp Verlag, Frankfurt/M., 1987

Roswita Sonnenschmidt:
„Exkarnation – Der große Wandel", Verlag Homöopathie + Symbol, Berlin, 2018, 3. überarb. Aufl.

Manfred Spitzer:
„Selbstbestimmen – Gehirnforschung und die Frage Was sollen wir tun?", Spektrum Akademischer Verlag, Heidelberg, 2004
„Lernen – Gehirnforschung und die Schule des Lebens", Spektrum – Akademischer Verlag, Berlin-Heidelberg, 2007

Nicole Strüber:
„Die erste Bindung. Wie Eltern die Entwicklung des kindlichen Gehirns prägen", Klett-Cotta Verlag, 2017

Paul Watzlawick:
„Man kann nicht ***nicht*** *kommunizieren – Das Lesebuch"*, Verlag Hans Huber, Bern, 2011, erste Auflage

Peter Wohlleben:
„Das Geheime Leben Der Bäume – Was sie fühlen, wie sie kommunizieren – die Entdeckung einer verborgenen Welt", Ludwig Verlag, München, 2015, 36. Auflage

Was wir heutzutage brauchen, sind Visionen.

Konkrete, in die Realität umsetzbare Visionen. Keine politischen oder religiösen Ideologien, sondern eine Zusammenarbeit auf Augen- und Herzhöhe, mit dem Ziel, das Leben auf dem Planeten Erde zu sichern und eine *Ethik der Mitmenschlichkeit* zu gestalten.

Clara Welten

Papier aus verantwortungsvollen Quellen

édition Welten
ist Teil des Kreativunternehmens
Clara Welten

Umschlag, Illustration: Clara Welten

1. Auflage 2019
Verlag: édition Welten
Druck und Vertrieb: tredition GmbH, Hamburg

Paperback	ISBN 978-3-9817957-2-1
Hardcover	ISBN 978-3-9817957-3-8
e-Book	ISBN 978-3-9817957-4-5